AF275212

COLEX

# Disfrute gratuitamente **DURANTE UN AÑO**
## del eBook de esta obra

*La política regional y la política de cohesión*
*en el ámbito del derecho de la Unión Europea*

⊘ Acceda a la página web de la editorial **www.colex.es**

⊘ Identifíquese con su usuario y contraseña. En caso de no
disponer de una cuenta regístrese.

⊘ Acceda en el menú de usuario a la pestaña «Mis códigos»
e introduzca el que aparece a continuación:

RASCAR PARA VISUALIZAR EL CÓDIGO

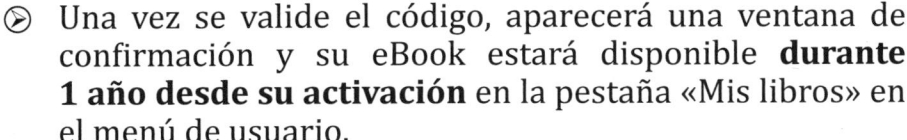

⊘ Una vez se valide el código, aparecerá una ventana de
confirmación y su eBook estará disponible **durante
1 año desde su activación** en la pestaña «Mis libros» en
el menú de usuario.

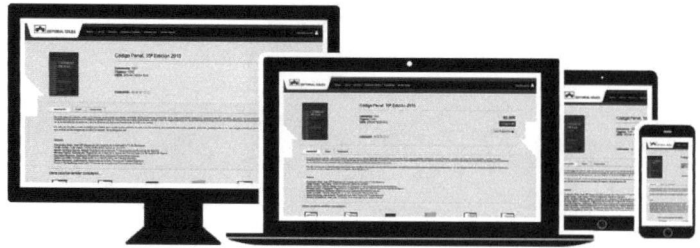

**¡Gracias por confiar en Colex!**

La obra que acaba de adquirir incluye de forma gratuita la versión electrónica. Acceda a nuestra página web para aprovechar todas las funcionalidades de las que dispone en nuestro lector.

# Funcionalidades eBook

**Acceso desde cualquier dispositivo**

**Idéntica visualización a la edición de papel**

**Navegación intuitiva**

**Tamaño del texto adaptable**

Puede descargar la APP «Editorial Colex» para acceder a sus libros y a todos los códigos básicos actualizados.

Síguenos en: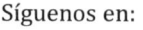

# LA POLÍTICA REGIONAL Y LA POLÍTICA DE COHESIÓN EN EL ÁMBITO DEL DERECHO DE LA UNIÓN EUROPEA

# LA POLÍTICA REGIONAL Y LA POLÍTICA DE COHESIÓN EN EL ÁMBITO DEL DERECHO DE LA UNIÓN EUROPEA

EDICIÓN 2024

Carlos Francisco Molina del Pozo

Catedrático de Derecho Administrativo
Catedrático Jean Monnet «ad personam» de Derecho de la Unión Europea
Universidad de Alcalá
Presidente del Instituto Eurolatinoamericano
de Estudios para la Integración (IELEPI)

COLEX 2024

© Carlos Francisco Molina del Pozo

© Editorial Colex, S. L.
Calle Costa Rica, número 5, 3.º B (local comercial)
A Coruña, C. P. 15004
info@colex.es
www.colex.es

I. S. B. N.: 978-84-1194-431-1
Depósito legal: C 565-2024

# AGRADECIMIENTOS

El autor quiere dejar constancia de su agradecimiento a las siguientes personas:

Any Ansumane Carungal Canhanqueri, Sara LLera Rodríguez, Cristian Magro Valencia, Jennifer Senent Serrano, Mafalda Vázquez Bermejo, todos ellos colaboradores de mi Cátedra Jean Monnet «ad personam» de Derecho de la Unión Europea en la Universidad de Alcalá e investigadores del Instituto Eurolatinoamericano de Estudios para la Integración (IELEPI), por su inestimable apoyo en la preparación de este proyecto. Asimismo, a Nuria Puentes Ruiz, Doctoranda en Derecho, Máster Universitario en Cooperación Internacional al Desarrollo: Gestión y Dirección de Proyectos, Investigadora de mi Cátedra Jean Monnet «ad personam» de Derecho de la Unión Europea en la Universidad de Alcalá y Tesorera del Instituto Eurolatinoamericano de Estudios para la Integración (IELEPI), sobre quien recayó la siempre complicada tarea de coordinación de los trabajos del presente proyecto de investigación.

*A mi hija Aurora que siempre quiso enfocar su vida profesional por el lado de la Economía y de la Administración de las Empresas, reconociendo el valor y empuje que este sector ocupa en el desarrollo del ser humano y la necesidad de vincularlo a la buena y eficaz gestión de la cohesión territorial.*

# SUMARIO

## 1.
## GÉNESIS Y EVOLUCIÓN HISTÓRICA DE LA POLÍTICA REGIONAL

## 2.
## POLÍTICA REGIONAL TRAS EL TRATADO DE LISBOA

# 3.
# ESTRATEGIA EUROPEA 2020 (2014-2020)

# 4.
# OBJETIVOS E INSTRUMENTOS
# DE LA POLÍTICA REGIONAL

# 5.
# ÁMBITOS Y COMPETENCIAS
# DE LA POLÍTICA REGIONAL

# 6.
## INSTRUMENTOS FINANCIEROS DE APOYO A LA
## POLÍTICA REGIONAL Y DE COHESIÓN

# 7.
## COOPERACIÓN Y ESTRATEGIAS EN ÁMBITOS REGIONALES

# 8.
## ANÁLISIS DEL IMPACTO ECONÓMICO
## EN ALGUNOS ESTADOS MIEMBROS

# 9.
## PERSPECTIVAS DE FUTURO
## DE LA POLÍTICA REGIONAL

# 10.
# BIBLIOGRAFÍA

# 1.

---

# GÉNESIS Y EVOLUCIÓN HISTÓRICA DE LA POLÍTICA REGIONAL

## 1.1. Evolución histórica

Como primer aspecto que hemos querido destacar de la presente obra, se encuentra el de exponer, aunque solo sea de manera sucinta, la progresión que ha seguido desde su origen el conjunto de la Política Regional europea, y ello con el objetivo de poner en referencia los aspectos claves que sirvan al lector para entender la importancia de dicha materia y los cambios que ha experimentado hasta la actualidad.

### 1.1.1. La Política Regional y el Tratado de Roma

La Política Regional comunitaria tiene su inicio, como tal, en el año 1972 con la celebración del Consejo Europeo de París. Sin embargo, para entender su evolución de forma completa, es preciso referirse a la situación previa a ese momento.

En un principio, puede afirmarse que no estaba prevista en el Tratado de Roma de 1957, relativo a la Comunidad Económica Europea[1] (CEE) y, como es lógico, por razón de la materia, tampoco lo estaba en el que se creaba la Comunidad Europea de la Energía Atómica[2] (vulgarmente denominada EU-RATOM, de Roma y mismo año 1957), ni mucho menos, en la normativa que articuló la Comunidad Europea del Carbón y del Acero (Tratado CECA, de Pa-

---

[1]   Versión consolidada del Tratado de la Unión Europea y del Tratado de Funcionamiento de la Unión Europea, *DOUE C 202*, de 07 de junio de 2016.

[2]   Versión consolidada del Tratado constitutivo de la Comunidad Europea de la Energía Atómica, *DOUE C 327*, de 26 de octubre de 2012, p. 1/107.

rís en el año 1951). No obstante, el Tratado CEE hacía una breve alusión a las desigualdades territoriales en dos puntos.

En primer lugar, establecía como objetivo de la CEE la promoción del desarrollo igualitario de las actividades económicas en la Comunidad, continuamente y en equilibrio, logrando una mayor estabilidad, incremento del nivel de vida y las relaciones entre los Estados. Se pretendía alcanzar dicho propósito a través del Mercado Común, dándose una aproximación progresiva de las políticas de los Estados miembros. De esta manera, el texto del Tratado dejaba entrever cierta preocupación por las desigualdades económicas de carácter territorial, haciendo referencia a conceptos como el equilibrio y la estabilidad.

En segundo lugar y, de modo excepcional, el artículo 80 del TCEE mencionaba expresamente, en relación con la Política de Transportes, la necesidad de tener en cuenta lo que nombraba como «*exigencias de una política económica regional apropiada*» a la hora de tomar medidas al respecto. El carácter excepcional proviene del hecho de que, en todo el texto del Tratado, no se vuelve a emplear la expresión *política económica regional*, como tampoco se especifica si ésta debía ser competencia de los Estados miembros o de la propia Comunidad Económica Europea.

Por tanto, si bien se puede llegar a intuir cierta inclinación o tendencia, casi preocupación temprana, por la necesidad de articular una Política Regional en el seno de la Comunidad, no será hasta dos décadas más tarde que se pueda hablar, en efecto, de la Política Regional comunitaria. Ello se debe a que, los Tratados Constitutivos buscaban una inicial cooperación en tres ámbitos (industrial, económico y atómico), para, más adelante, caminar hacia la integración europea.

Por ende, en estos primeros momentos, las Comunidades Europeas, como origen y precedente de la actual Unión Europea, se centraron, especialmente la CEE, en conseguir una Unión Aduanera y Monetaria a fin de establecer, posteriormente, una Unión Política en la que sí se pudiera desarrollar una Política Regional «apropiada», como establecía el mencionado artículo 80 del TCEE.

Pese a que las funciones específicas de la CEE aparecen incluidas en el artículo 3 del TUE[3], los objetivos de la Unión Europea, en contraposición a los de aquélla, son mucho más extensos y, entre ellos, se encuentra la cohesión económica, social y territorial junto con la solidaridad entre los Estados miembros, que resulta ser el estadio actual que configura la Política Regional europea.

---

3   Tratado de Lisboa por el que se modifican el Tratado de la Unión Europea y el Tratado constitutivo de la Comunidad Europea, DOUE C 306, de 17 de diciembre de 2007, p. 1/231.

En relación con esta primera etapa de las Comunidades Europeas, anterior al nacimiento propiamente dicho de la Política Regional comunitaria, cabe destacar la creación del Fondo Social Europeo (FSE), ya que, posteriormente, será esencial en la consideración del factor de la cohesión, especialmente, en su vertiente social.

El FSE estaba previsto, en el artículo 3 apartado i) del TCEE, como medio plausible para alcanzar algunas de las finalidades de la Comunidad, estando desarrollado en el Capítulo II Título III del mismo Tratado. Su objetivo más importante era lograr mejorar las tasas de empleabilidad de la Comunidad, así como contribuir al incremento del nivel de vida por medio de la facilitación del empleo y la movilidad geográfica y ocupacional de los trabajadores.

La redacción del artículo 123 del TCEE coincide, en gran medida, con el actual artículo 162 del TFUE[4], sin embargo, mientras que en el artículo 127 del TCEE se preveía que la Comisión, previa consulta al Comité Económico y Social, elaborase las disposiciones reglamentarias oportunas para ejecutar los artículos 124 a 126 del TCEE relativos al FSE, el actual artículo 164 del TFUE contempla que, la Comisión y el Consejo establezcan estas mismas disposiciones reglamentarias previa consulta al Comité Económico y Social y al Comité de las Regiones. Todo lo expuesto sirve para poner de manifiesto la evolución del concepto de Política Regional hacia lo que actualmente se conoce como la cohesión económica, social y territorial, así como la transversalidad de la actual Política Regional, temas de los que nos ocuparemos más adelante.

Por último y, con relación a este periodo previo a la Cumbre de París de 1972, se debe mencionar la creación del Fondo Europeo de Orientación y Garantía Agrícola (FEOGA), regulado en el Reglamento (CE) n.º 25/1962[5]. Destaca, especialmente, su sección de «Orientación», que, más tarde, en 1972, debido a la regionalización de los Fondos estructurales, modificaría su política de ayudas para destinar el dinero a quienes más lo necesitaban, territorialmente hablando, y evitar la desertización de las tierras, así como mejorar el medio ambiente y proteger los espacios naturales[6].

---

4    Versión consolidada del Tratado de Funcionamiento de la Unión Europea, *DOUE C 326,* de 26 de octubre de 2012, p. 47/390.

5    Reglamento n.º. 25 relativo a la financiación de la Política Agrícola Común, *DOUE 30,* de 20 de abril de 1962, p. 991/993, derogado por el Reglamento (UE) n.º. 1306/2013 del Parlamento Europeo y del Consejo, de 17 de diciembre de 2013, sobre la financiación, gestión y seguimiento de la Política Agrícola Común, por el que se derogan los Reglamentos (CE) n.º. 352/78, (CE) n.º. 165/94, (CE) n.º. 2799/98, (CE) n.º. 814/2000, (CE) n.º. 1290/2005 y (CE) n.º. 485/2008 del Consejo, *DOUE L 347,* de 20 de diciembre de 2013, p. 549/607.

6    MOLINA DEL POZO, C. F.: *Derecho de la Unión Europea*, 8.ª edición, Editorial Reus, Madrid, 2024; págs. 403-404.

## 1.1.2. La subsidiariedad europea frente a la Política Regional nacional: el Consejo Europeo de París, 1972, el FEDER y el Comité de Política Regional

Como ya se ha puesto de manifiesto con anterioridad, el origen de la Política Regional europea se sitúa en la Cumbre de París del año 1972. Motivada por el incremento de las desigualdades territoriales, agravadas por la adhesión de Reino Unido, Irlanda y Dinamarca a las Comunidades Europeas, se acuerda la creación y puesta en funcionamiento del Fondo Europeo de Desarrollo Regional (FEDER). Sin embargo, el tema central de la Cumbre era la Unión Económica y Monetaria, objetivo esencial de la CEE que no se había llegado a cumplir íntegramente.

El FEDER se configuró como un instrumento muy válido —como se ha constatado posteriormente— para reducir las consecuencias territoriales que podía tener la implementación plena del Mercado Único, cuya fecha límite de incorporación se estableció en 1980, y el exteriorizado deseo de la Comisión por conseguir controlar las ayudas que los Estados miembro concedían a las respectivas industrias nacionales.

Además, en este primer estadio de su evolución, y pese a considerarse que las desigualdades territoriales eran una preocupación europea y no nacional, la Política Regional comunitaria se caracterizó por una notable aplicación del principio de subsidiariedad: eran los distintos Gobiernos nacionales quienes determinaban las cuotas de reparto del presupuesto. Esto llegó a beneficiar a ciertas regiones prósperas en perjuicio de otras regiones pobres, así como a quiénes decidían sobre la puesta en marcha de las medidas de Política Regional en sus territorios[7].

El FEDER fue puesto en funcionamiento efectivamente en el año 1975, momento en el que se crea, también, el Comité de Política Regional cuya función era contribuir a la coordinación de las distintas Políticas Regionales de los diferentes Estados miembros[8].

Debemos destacar, por otro lado, también, la instauración, durante estos primeros años, del principio de cofinanciación, el cual va a dirigir nuclearmente todo el conjunto de la Política Regional de ese momento, así como la denominada Política de Cohesión que se instala posteriormente.

---

7    BACHE, I., GEORGE S. and BULMAN, S., *Politics in the European Union*, Oxford, 2011; págs. 423-424.

8    El Comité de Política Regional se crea en base a la Decisión del Consejo 75/185/CEE, cuyo artículo 2 establecía que: «la tarea del Comité de Política Regional consistirá en proceder, a instancia del Consejo o de la Comisión, o por iniciativa propia, al examen de los problemas relativos al desarrollo regional, de los progresos realizados o por realizar con objeto de solucionarlos, y de las medidas de política regional necesarias para promover la realización de los objetivos regionales de la Comunidad».

En este sentido, el aludido principio de cofinanciación lo que pretende no es otra cosa que garantizar el compromiso de los Estados miembros con el logro de los objetivos de la Política Regional, y lo realiza mediante la particular contribución a la subvención de los proyectos que reciben ayudas europeas. Es decir, las ayudas otorgadas por los Fondos de la Unión Europea sólo cubren parte del proyecto subvencionado y la parte restante debe ser sufragada por el beneficiario de la ayuda.

Pese a su escasa aplicación durante este período, destaca, asimismo, el principio de adicionalidad. La adicionalidad es un principio europeo que exige que las ayudas de los Fondos no conlleven, en ningún caso, una reducción de los esfuerzos nacionales en relación con sus propias Políticas Regionales. En consecuencia, todo el sistema de las ayudas europeas se configura como algo complementario a la acción nacional[9].

No obstante, y como ya se ha mencionado, la Política Regional comunitaria era, en origen, subsidiaria de la nacional, siendo que, los diferentes Gobiernos nacionales fueron los encargados de su implementación durante este primer período de arranque de la reiterada Política, motivo por el que, este principio de adicionalidad no tuvo gran aplicación en aquel momento.

## 1.1.3. Las reformas de los Fondos Estructurales y la Política Regional entre 1979 y 1999

La primera reforma de los Fondos Estructurales y, por ende, el preliminar gran cambio en la Política Regional europea, se produjo en 1979. Será en ese año cuando se lleve a cabo la primera renovación del Fondo Europeo de Desarrollo Regional (FEDER), aumentando de manera muy considerable su presupuesto, lo que permitió desligar, en cierta medida, las propias y características acciones comunitarias en materia de Política Regional del resto de las acciones nacionales, adoptadas individualmente por cada uno de los Estados miembros en el ámbito de sus respectivas políticas concretas en la materia.

---

9    BACHE, I., GEORGE S. and BULMAN, S., *Politics in the European Union*, Oxford, 2011; pág. 424. Asimismo, *vid.* MOLINA DEL POZO C.F.: «La regulación de la cohesión en el contexto de la Unión Europea», en el libro *La cohesión en Europa. Los valores de la Unión*, que recoge las Ponencias de las Jornadas Jóvenes-Europa, organizadas por la Comunidad de Murcia el 29 de marzo de 2006, Edit. Región de Murcia, año 2007, págs. 93 a 99 y 101 a 119; MOLINA DEL POZO C.F.: «Organización, programación y control de los Fondos estructurales en el marco de la nueva Política Regional europea». En el libro: *Las Regiones españolas en Europa*. Edit. Universidad de Sevilla y AECR, Sevilla-1999, pág. 201 y sigs.; MOLINA DEL POZO C.F.: *Los Fondos estructurales y la nueva Política Regional de la Comunidad Europea*, 1.ª edición, Edita Universidad de Santiago de Compostela, Santiago, 2002, 128 págs. ISBN.: 84-9750-024-5: MOLINA DEL POZO C.F.: *Los Municipios y las Regiones en la Unión Europea*, Juruá Editorial, Porto, 2023, págs. 64 a 77 y 183 a 216, ISBN.: 978-989-712-908-7

Asimismo, se pusieron en marcha ciertos programas, denominados por algún sector doctrinal, sin cuota[10], lográndose coordinar la actuación de la amplia panoplia de medidas contenidas por los distintos instrumentos financieros comunitarios, entre los que destacaban el Fondo Europeo de Desarrollo Regional (FEDER), el Fondo Social Europeo (FSE) y el Banco Europeo de Inversiones (BEI), así como las diversas Políticas sectoriales de las Comunidades, que empezaron a cobrar cierta dimensión regional en virtud de la conocida transversalidad existente entre las mismas.

Posteriormente, manteniéndose la base de la modificación introducida en 1979, se sustituyó el conocido como sistema de cuota por un sistema de horquillas. Así, cada Estado optaría por dos porcentajes límite de recursos distintos y obtendría uno u otro en función de la adecuación de los proyectos nacionales de desarrollo regional con las prioridades regionales europeas. Adicionalmente, se desarrollaron una serie de programas europeos que marcaron las prioridades de las Comunidades Europeas en materia regional, como fueron el START, VALOREM, REDISER o el RENAVAL[11].

En 1986, el Acta Única Europea[12] (AUE) acuñó, por primera vez, el término *cohesión* en su preámbulo. Este Tratado incluía un Título V al TCEE sobre la cohesión económica y social, por lo que la CEE tendría un nuevo objetivo, una nueva dimensión: reducir las diferencias económicas y sociales de las distintas regiones y el retraso de las regiones menos favorecidas (artículo 130A TCEE, por inclusión del artículo 23 AUE). Este nuevo Título dotó de una novedosa característica a la Política Regional europea, desde ese momento referida, asimismo, como Política de Cohesión: la transversalidad. El nuevo artículo 130 B observaba que, los Estados miembros, cuando desarrollasen las Políticas Comunes del Mercado Interior, debían tener en cuenta los objetivos enunciados en el artículo 130 A y el artículo 130 C.

Por otro lado, debemos reseñar que, también el Acta Única Europea (AUE) mencionaba los llamados Fondos Estructurales. El artículo 130 B del TCEE otorgaba esta calificación a tres: primero, al FEDER, creado en la Cumbre de París y principal instrumento de la Política Regional hasta entonces, y aún hoy en día; segundo, al FSE, creado por el TCEE en 1957 y que adquiere una nueva perspectiva regional a raíz de esta modificación del AUE; y, tercero, al FEOGA, concretamente, a su sección de «Orientación», creado en 1962.

La Comunidad, en base a este mismo precepto mencionado, adquirió la obligación de apoyar la Política Regional a través de los Fondos Estructurales, el BEI y los demás instrumentos financieros existentes en aquel momento.

---

10   BACHE, I., GEORGE S. and BULMAN, S., pág. 424.
11   MOLINA DEL POZO, C.: *Derecho de la Unión Europea*, 8.ª edición, Editorial Reus, Madrid, 2024, *op. cit.*, págs. 548.
12   Acta Única Europea, *DOUE L 169*, de 29 de junio de 1987, p. 1/28

La reforma de los Fondos europeos del año 1988 vino provocada, por un lado, por la adhesión de Grecia, Portugal y España a las Comunidades Europeas y, por otro lado, por la nueva concepción de la Política Regional como Política de Cohesión en base a las disposiciones introducidas por el AUE. El artículo 130 D del AUE preveía que se modificara la estructura de los Fondos Estructurales para contribuir a la consecución de la cohesión económica y social, lo que llevó a la adopción de toda una serie de reglamentos europeos sobre esta materia[13].

Las nuevas adhesiones, además, dieron lugar al desarrollo de los IMP *(Integrated Mediterranean Programs)*, los cuales giraban en torno a planificaciones plurianuales relativas a cuestiones de Política Regional y que más tarde derivaron en el *INTERREG MED Program,* articulado y gestionado por parte de la Comisión, un programa totalmente capacitado para fomentar el crecimiento del área mediterránea mediante la promoción de conceptos y prácticas innovadores (tecnologías, gobernanza, servicios innovadores)[14].

De otra parte, resulta oportuno destacar que, la aludida reforma del año 1988 de los Fondos Estructurales vino a significar una pieza clave en la transformación del viejo concepto de Política Regional comunitaria, válido hasta aquel momento, en la perspectiva conceptual que aportaba la actual Política de Cohesión. La citada reforma vino a implicar una evidente reformulación de las competencias de los Fondos, así como a poner de relieve su efectividad, todo lo cual se encontraba ligado, de modo muy especial, a la coordinación de sus actuaciones con otros instrumentos financieros y, también, con otras Políticas sectoriales como, por ejemplo, la Política Agrícola Común (PAC) mediante la intervención del entonces llamado Fondo Europeo de Orientación y de Garantía Agrícola (FEOGA). El Consejo Europeo de Bruselas de 1988, acordó el borrador de la nueva regulación de los Fondos y aceptó doblar el presupuesto asignado a éstos de cara al año 1993. Con esta reiterada reforma, se establecieron cuatro principios informadores de los Fondos y cinco grandes objetivos a cumplimentar[15].

En este mismo sentido, debemos anunciar que, los principios que debían guiar las operaciones que se llevasen a cabo a través de los distintos Fondos Estructurales eran: primero, la concentración, entendida como la inversión de los recursos de los Fondos en las áreas más necesitadas; segundo, la

---

13    MOLINA DEL POZO, C.: *Derecho de la Unión Europea, op. cit.*, págs. 548.

14    COMISIÓN EUROPEA. «MED» https://ec.europa.eu/regional_policy/in-your-country/programmes/2014-2020/mt/2014tc16m4tn001_es. Fecha de consulta: 23 de febrero de 2023

15    BACHE, I., GEORGE S. and BULMAN, S.: *Politics in the European Union*, págs. 426 y 427. Asimismo, *vid*. MOLINA DEL POZO C.F.: *Los Fondos Estructurales y la nueva Política Regional de la Comunidad Europea*, 1.ª edición, Edita Universidad de Santiago de Compostela, Santiago, 2002, 128 págs. MOLINA DEL POZO C.F.: «Organización, programación y control de los Fondos Estructurales en el marco de la nueva Política Regional europea». En el libro: *Las Regiones españolas en Europa*. Edit. Universidad de Sevilla y AECR, Sevilla-1999, pág. 201 y sigs.

programación, es decir, el seguimiento de planes plurianuales que permitieran una aproximación más coherente a los objetivos establecidos; tercero, la cooperación, por la que la administración de los Fondos debía coordinarse con las entidades regionales y locales; y, cuarto, el ya mencionado principio de adicionalidad, reforzado por la implicación de la Comisión y las autoridades locales en las operaciones de los Fondos Estructurales.

De otro lado, hemos de apreciar que, los objetivos que perseguía la Política Regional fraguada a raíz de esta reforma de los Fondos Estructurales, se pueden agrupar en cinco:

1. Objetivo I: Fomentar la prosperidad de aquellas regiones menos desarrolladas según ciertos índices como, por ejemplo, el PIB. Se consideró «menos desarrollada» toda región con un PIB inferior al 75 % de la media de la Comunidad. Los tres Fondos Estructurales debían contribuir a este objetivo.

2. Objetivo II: El FSE y el FEDER debían impulsar aquellas regiones afectadas por el declive industrial.

3. Objetivo III: El FSE, como se preveía en el artículo 123 TCEE y en la actual regulación del TFUE, debía combatir el desempleo a largo plazo, especialmente, el de individuos mayores de veinticinco años que llevaban desempleados más de un año.

4. Objetivo IV: El FSE debía facilitar la incorporación de los jóvenes, menores de veinticinco años, al mercado laboral.

5. Objetivo V: El FEOGA, sección Orientación, debía: primero, acelerar la adaptación de las estructuras agrícolas mientras que los Fondos Estructurales en conjunto interviniesen; y, segundo, fomentar el desarrollo de las áreas rurales europeas.

En 1992 entró en vigor el Tratado de la Unión Europea (TUE), firmado en Maastricht, cuyo principal objetivo fue ahondar la integración económica y política europea. La Comunidad Europea quedó integrada en la Unión Europea como pilar comunitario y el Tratado de la Unión Europea contemplaba como objetivo de la Unión, en su artículo B, la cohesión económica y social. Además, su artículo G modificaba el artículo 2 del TCEE, incluyendo como objetivo de la CEE la cohesión económica y social, cosa que no había hecho el AUE.

Pues bien, el texto del TUE aprobado en Maastricht, en el año 1992, previó la creación del denominado Fondo de Cohesión, que debía ser fundado, a más tardar, el 31 de diciembre de 1993, según fijaba el artículo 130 S del TCEE, y del que más adelante nos ocuparemos.

Por otro lado, el nuevo artículo 198 A del TCEE, incluido por el Tratado de Maastricht, dispuso la creación del Comité de las Regiones, órgano consultivo de representación local y regional que continua en funcionamiento hoy en día, tres décadas más tarde, cumplimentando y asumiendo una enorme e importante cantidad de actividades en el contexto de la actual Política Regional o de Cohesión Económica, Social y Territorial.

La reforma de 1993 no se caracterizó por provocar un gran cambio en la Política Regional europea, sino por mantener los principios y estructuras implantados en 1988. No obstante, la situación política y económica había cambiado drásticamente y, con ella, las prioridades de la Comisión.

La adhesión a la Comunidad Europea de Finlandia, Suecia y Austria fue un factor determinante a tener en cuenta a la hora de desarrollar esta reforma. Una parte del territorio austriaco quedó inmediatamente ligado al Objetivo I de 1988 y se añadió un Objetivo VI por el que, los Fondos Estructurales debían contribuir al desarrollo de las áreas nórdicas menos pobladas.

La última reforma de este periodo fue la de 1999, eminentemente provocada por las negociaciones para la adhesión de Europa del Este, completada el 1 de enero del 2007 con la adhesión de Rumanía y Bulgaria, pero en mayor medida acontecida en el 2004. Ahora bien, el avance de la Unión Monetaria también tuvo mucha influencia en la reforma.

Lo cierto es que, la mayoría de los países que tenían previsto adherirse a la Unión Europea tenían PIB inferiores a un tercio de la media comunitaria, lo que hacía preciso realizar un cambio sustancial en todo lo referente a los criterios de reparto de los Fondos Estructurales. De conformidad con la regulación de éstos entre 1994 y 1999, todos los países del centro y el este de Europa habían formado parte del Objetivo I de los Fondos y del Fondo de Cohesión, lo que habría elevado el coste del Fondo entorno a un 75 %[16] (se habría pasado de 27.4 billones a 48 billones de ecus[17]).

La reforma de 1999 está basada en una propuesta de regulación de los Fondos Estructurales para los años 2000-2006 presentada por la Comisión, denominada Agenda 2000. La reforma perseguía incrementar la eficiencia de los Fondos, así como mantener el nivel presupuestario de la Política de Cohesión y prever la forma en la que, los países que estaban negociando en aquellos años su adhesión a la Unión Europea, debían contribuir a la cohesión regional[18].

---

16    BACHE, I., GEORGE S. and BULMAN, S.: *Politics in the European Union, op. cit.*, págs. 432-435.

17    Referente de moneda que, con carácter previo a la creación de la moneda única, el Euro, se utilizaba como unidad de cuenta europea para estimar y aprobar las transacciones y cifras de gastos que se presupuestaban para la ejecución de los Presupuestos y, consiguientemente, de la gestión habitual de los Fondos. El ecu (por sus siglas en inglés) o unidad de cuenta europea fue, por tanto, el precedente del Euro, en tanto que moneda única europea.

18    MOLINA DEL POZO, C.F.: *Derecho de la Unión Europea*, 8.ª edición, Editorial Reus, Madrid, 2024, *op. cit.*, págs. 549.

Los objetivos de la Política Regional que, anteriormente, hemos reflejado se vinieron a reformular de tal manera que, de seis, se redujeron a tres grandes objetivos, a saber:

1. Objetivo I: De igual modo a cómo sucedía con anterioridad, los Fondos Estructurales debían fomentar el desarrollo de aquellas regiones con un PIB inferior al 75 % de la media de la Comunidad, sin embargo, ahora se va a exigir que el señalado requisito se cumpliera durante los tres años anteriores a la reforma. Además, se incluyeron en este objetivo a las regiones previstas en el antiguo Objetivo IV, es decir, las regiones nórdicas escasamente pobladas.

2. Objetivo II: Combinaba el antiguo Objetivo II y el V (a), pero las regiones en cuestión no podían suponer más del 18 % de la población de la Unión.

3. Objetivo III: Se aplicaba a todas las regiones de la Unión Europea, a excepción de las incluidas en el Objetivo I, y pretendía lograr la modernización de los sistemas de educación, formación y trabajo.

La reforma del año 1999 mantuvo los cuatro principios de la Política Regional europea formulada en 1988, pero añadió un quinto: la eficiencia, que era uno de los objetivos perseguidos por la Agenda 2000.

Puede decirse que, a grandes rasgos, todos los cambios en la Política de Cohesión anterior a la década de los 2000, vinieron asociados a las nuevas adhesiones a las Comunidades Europeas y, posteriormente, a la Unión Europea. En realidad, ello quedaba justificado por la diversidad territorial, económica y social de los distintos países europeos que quedaban integrados en la Unión y, también, a la necesidad de corregir las desigualdades que provocaba la Unión Económica y Monetaria, especialmente, el Mercado Único Europeo (MUE), a través de un mecanismo que permitiera la redistribución de la riqueza europea, es decir, el trasvase de fondos desde los Estados ricos hacia los Estados menos desarrollados.

## 1.1.4. El Consejo Europeo de Lisboa (2000) y el Tratado de Lisboa

En el mes de marzo del año 2000, se celebró el Consejo Europeo extraordinario de Lisboa. La Cumbre de Lisboa impulsó la mayoría de las Políticas comunitarias, pero especialmente, la Política Regional al establecer como objetivo el convertir la economía europea en la más competitiva y dinámica del mundo, capaz de alcanzar un crecimiento económico duradero que fuese de la mano de una mejora cuantitativa y cualitativa del empleo y una mayor cohesión social.

En consecuencia, fue necesaria la última gran reforma de los Fondos Estructurales, en el año 2006, la cual estuvo basada en el Reglamento (CE) n.º 1083/2006[19] y en la Comunicación de la Comisión del 11 de diciembre del 2007, por la que se fijaron los objetivos a cumplimentar por parte de la Política Regional y, que abarcaba el periodo 2007-2013.

Con las adhesiones de los países de Europa del Este, el PIB medio de la Unión Europea cayó un 12.5 %, siendo constatable que, además, las diferencias territoriales entre los distintos Estados miembros se agravaron, lo cual ponía en riesgo la competitividad de los mercados europeos.

Los tres objetivos de la Política Regional fueron reemplazados por tres nuevas prioridades: primera, la convergencia, entendida como el apoyo al crecimiento y el empleo de los Estados miembros menos desarrollados, llevada a cabo por el FC, el FEDER y el FSE; segunda, la competitividad en el ámbito regional y laboral a través del FSE y el FEDER; y, tercera, la cooperación territorial europea, es decir, el fomento del desarrollo territorial armonioso y equilibrado de la Unión Europea a través del FEDER.

Las prioridades vinieron acompañadas de medidas comunes contempladas en el Reglamento (CE) n.º 1083/2006, y entre las que se pueden mencionar las siguientes cuestiones:

- Los Estados debían presentar un marco estratégico nacional de referencia para el periodo 2007-2013 y debían adoptar programas operativos asociados a sólo una de las prioridades y financiados por únicamente un Fondo.

- Las ayudas de los Fondos, en aplicación del principio de adicionalidad, complementarían las acciones nacionales.

- Se perseguía la transparencia de las ayudas, eficacia, calidad y coherencia en la intervención de los Fondos.

La reforma del año 2006 se caracterizó por la simplificación de la Política de Cohesión. Las nuevas prioridades incluían los Objetivos I y II de la reforma de 1999, además, de algunos programas de la Comisión, como, por ejemplo, INTERREG, ya mencionado anteriormente; también, el viejo FEOGA fue sustituido por el Fondo Europeo Agrícola de Desarrollo Rural (FEADER); y, finalmente,

---

19   Reglamento (CE) n.º 1083/2006 del Consejo, de 11 de julio de 2006, por el que se establecen las disposiciones generales relativas al Fondo Europeo de Desarrollo Regional, al Fondo Social Europeo y al Fondo de Cohesión y se deroga el Reglamento (CE) n.º 1260/1999, *DOUE L 210* de 31 de junio de 2006, p. 25/78. Actualmente, se encuentra derogado por el Reglamento (UE) n.º 1303/2013 del Parlamento Europeo y del Consejo, de 17 de diciembre de 2013, por el que se establecen disposiciones comunes relativas al Fondo Europeo de Desarrollo Regional, al Fondo Social Europeo, al Fondo de Cohesión, al Fondo Europeo Agrícola de Desarrollo Rural y al Fondo Europeo Marítimo y de la Pesca, y por el que se establecen disposiciones generales relativas al Fondo Europeo de Desarrollo Regional, al Fondo Social Europeo, al Fondo de Cohesión y al Fondo Europeo Marítimo y de la Pesca, y se deroga el Reglamento (CE) n.º 1083/2006 del Consejo, *DOUE L 347* de 20 de diciembre de 2013, p. 320/469

el Fondo Europeo Marítimo y de Pesca (FEMP) vino a reemplazar al antiguo Instrumento Financiero de Orientación de la Pesca (IFOP, del año 1993).

## 1.2. Creación del concepto de cohesión

El concepto de *cohesión* surge, como ya se ha esbozado, en el año 1986 con la firma del Acta Única Europea, pues este texto modificativo en profundidad de los Tratados fundacionales comunitarios contemplaba, de manera interconectada con el Mercado Único Europeo, una Subsección IV dentro de la Sección II, llamada «Cohesión Económica y Social».

Concretamente, en su artículo 23, se modificaba el Tratado de Roma (CEE, 1957) incluyendo en él un Título V «Cohesión Económica y Social», que abarcaba una serie de disposiciones las cuales, por primera vez, posicionaban a la Política Regional como algo más que una mera preocupación europea. De hecho, estaba representada como un objetivo que, tanto los Estados miembros como la Comunidad Europea, debían perseguir (artículos 130 A y B del TCEE, modificado por el AUE).

En 1992, con la firma del Tratado de la Unión Europea (Maastricht), la Política Regional, se transforma en un objetivo prioritario en sí mismo, al igual que el Mercado Único Europeo y la Unión Económica y Monetaria.

Especial importancia tiene el Primer Informe Trienal sobre la Cohesión Económica y Social de 1997, en el que intervino, como no podía ser de otra manera, el Comité de las Regiones. La Comisión de Política Regional del Parlamento Europeo consideró que la cohesión económica y social debía seguir siendo planteada como una columna esencial de la construcción europea. Para ello, el concepto de la cohesión, consagrado en los Tratados como uno de los objetivos clave en materia de igualdad, servía como recreación del principio de solidaridad, siendo éste un importante patrimonio político común de los europeos en el siglo XX[20].

No obstante, este término puede hacer referencia a dos cosas distintas[21], las cuales han de ser aclaradas:

- En sentido estricto, puede decirse que, bajo la denominación de cohesión se van a incluir al conjunto de principios y normas que rigen las diferentes Políticas europeas y los Fondos, en la medida en que, sus actuaciones, funciones y resultados se complementen y relacionen permitiendo la creación de sinergias. Asimismo, se evita que los esfuerzos de unas y otras Políticas se contrarresten entre ellos e impidan alcanzar los objetivos de la Unión. De esta manera,

---

20    Informe Trienal sobre la Cohesión Económica y Social, *COM (96)0542 final*, Comisión Europea, 6 de noviembre de 1996.

21    BACHE, I., GEORGE S. and BULMAN, S., *Politics in the European Union*, *op. cit.*, pág. 423.

es algo predicable de la Unión Europea como organización supranacional eficiente y no de la Política Regional en sí.

- En sentido amplio, la cohesión es un objetivo político centrado en la consecución de una sociedad más justa e igualitaria. Permite la igualdad de oportunidades para los ciudadanos de la Unión a través de la convergencia real de las economías europeas, la coherencia de las distintas Políticas comunitarias y la aplicación del principio de solidaridad.

Dicho esto, consideramos necesario que tracemos una distinción entre los conceptos de Política Regional y Política de Cohesión, pese a que, a menudo, se usen ambos términos de modo indistinto y sin llegar a establecer ningún tipo de diferencia entre los dos.

Por un lado, el concepto de Política Regional engloba, tanto en el plano europeo como en el nacional, al conjunto de medidas y acciones dirigidas a redistribuir la riqueza de un territorio superior a una región (en el caso nacional, un Estado; en el caso de la Unión, un conjunto de Estados).

El objetivo fundamental perseguido por la Política Regional, por tanto, consiste en contribuir al desarrollo de las áreas menos favorecidas, limando las desigualdades existentes entre las distintas regiones de un territorio. Tal y como expone el art. 174 del TFUE, la Unión Europea, a través de su Política Regional, se propondrá la disminución de diferencias entre los niveles de desarrollo de las diversas regiones y el retraso de las regiones menos favorecidas.

En cambio, el concepto de Cohesión va un paso más allá, como se ha dicho, pues no busca la mera reducción de diferencias territoriales, sino que busca la construcción de una sociedad igualitaria que ofrezca las mismas oportunidades al mayor número de individuos. Utópicamente, una sociedad sin desigualdades territoriales, dónde, lejos de homogeneizar el territorio, se potencien las peculiaridades de cada región, logrando el desarrollo de todas ellas en base a esas características propias y ofreciendo las mismas oportunidades a todos los individuos. Con la implementación de una Política de Cohesión se lograría un conjunto que destacaría por las idiosincrasias de sus partes.

Tradicionalmente, la Cohesión, como objetivo político y como parte de la Política Regional, se ha centrado en dos ámbitos, el económico y el social. Podría entenderse que, la vertiente económica del concepto de cohesión, introducido con el Acta Única Europea (AUE) y desarrollado hasta nuestros tiempos, equivale a lo que, tradicionalmente, sería y respondería a lo que habitualmente se ha englobado dentro de la descripción de la Política Regional de las Comunidades Europeas: una Política centrada en la corrección de los desequilibrios territoriales, la conversión de economías en declive y el desarrollo de áreas menos favorecidas.

La vertiente social, sin embargo, implica una evolución del concepto de Política Regional hacia la eliminación de las consecuencias sociales provocadas por los desequilibrios territoriales. Es decir, la corrección de las repercusiones que tiene en la educación, el empleo y la formación la existencia de diferencias significativas en las economías de las distintas regiones europeas. Es debido a ello por lo que decíamos que, con la firma del AUE, el FSE queda estrechamente ligado a la Política Regional, concretamente, a este objetivo mencionado, la cohesión social.

No obstante, desde la publicación del Libro Verde de la Cohesión Territorial en el año 2008[22], al que haremos referencia más adelante, el concepto de Cohesión actual ha asumido una tercera dimensión, o nueva preocupación, la territorial, enfocada sobre todo al cambio climático, la sostenibilidad y la conservación del medioambiente.

Una vez aclaradas las diferencias conceptuales y terminológicas, puede advertirse que, si bien los términos de Política de Cohesión y de Política Regional pueden usarse, y *de facto* se usan, alternativamente sin mayor problema y sin confusión alguna, es necesario tener en cuenta que, en sentido estricto, la Política Regional solo abarcaría la vertiente económica de la Política de Cohesión actual, y que, asimismo, la Política de Cohesión persigue un mayor número de objetivos que los pretendidos e identificados dentro del concepto original de Política Regional.

En consecuencia, hemos de dejar muy claro que, en nuestros días, no se entiende la Política Regional sin la Política de Cohesión, por lo que se han convertido en sinónimos y ambos engloban un objetivo político prioritario de la Unión Europea, un objetivo que tiene tres dimensiones básicas: la económica, la social y la territorial. Esto viene concretado en el ya mencionado artículo 174 del TFUE, como la voluntad de igualar el desarrollo de las regiones, haciendo avanzar a las menos favorecidas, incluyéndose en las diferencias que se deben aproximar: primera, las económicas, el nivel de vida; segunda, las sociales en relación con el empleo y la formación; y, tercera, las territoriales, con especial relevancia a la sostenibilidad, el medio ambiente y la infraestructura de transporte.

## 1.3. La aparición del Fondo de Cohesión

Como hemos expresado anteriormente, fue el artículo 130 S del TCEE, dispuesto en el Tratado aprobado en Maastricht en 1992, el que previó la creación del Fondo de Cohesión (FC).

---

22  Comunicación de la Comisión al Consejo, al Parlamento Europeo, al Comité de las Regiones y al Comité Económico y Social Europeo, «Libro Verde sobre la cohesión territorial. Convertir la diversidad territorial en un punto fuerte», *COM (2008) 616 final,* de 06 de octubre de 2008.

En origen, estaba regulado por el Reglamento 1164/94 del Consejo, del 16 de mayo de 1994, que quedó derogado por el Reglamento 1084/2006 del Consejo, del 11 de junio del 2006. Actualmente, se rige por lo que recoge el Reglamento (UE) n.° 1300/2013[23].

Durante las negociaciones del TUE en 1992, el Gobierno español, liderado por el presidente Felipe González Márquez, defendió la necesidad de establecer un mecanismo compensatorio adicional a los Fondos Estructurales[24]. No obstante, y aunque no se creó un mecanismo de esas características, el Consejo Europeo aceptó la creación y puesta en marcha del conocido como Fondo de Cohesión (F.C.), debido al apoyo de otros países en situaciones económicas similares (Portugal, Grecia e Irlanda) que reclamaban nuevas fuentes de recursos para corregir las desigualdades territoriales y a la amenaza por parte del Gobierno español de vetar la aprobación del Tratado de Maastricht.

El Fondo de Cohesión destina sus recursos a la mejora del medio ambiente y la infraestructura de transportes, tal y como está previsto en el actual artículo 177 del TFUE, ya que éste proporcionará contribución financiera a proyectos del medioambiente y de redes transeuropeas en materia de infraestructura de transportes.

En el momento de su creación, el criterio de reparto empleado para asignar su dotación priorizaba a países con un PIB inferior al 90 % de la media comunitaria y no a regiones específicas. Además, se empleaba el sistema de horquillas implantado en la reforma de 1979 y, consecuentemente, en su inicial puesta en marcha se decidió que, a Grecia le correspondía entre un 16 y 20 % de los recursos del Fondo de Cohesión, a España entre un 52 y un 58 %, a Portugal entre un 16 y un 20 % y, finalmente, a Irlanda entre un 7 y un 10 %.

En general, los principios establecidos en las reformas de 1988 y 1993 en relación con los Fondos Estructurales no se aplicaban al Fondo de Cohesión. Era la Comisión la encargada de decidir al respecto de los proyectos que el Fondo de Cohesión debía financiar, en base a sus comunicaciones con los países miembros y a sus apreciaciones particulares, algo que no seguía las pautas de aplicación del principio de cooperación.

En relación con el principio de adicionalidad, el Fondo financiaba hasta el 85 % del coste de los proyectos, lo cual estaba muy por encima de las ratios de inversión de los Fondos Estructurales, y, pese a que se incluyó en el preámbulo de su Reglamento de Régimen Interno, que los Estados beneficiarios no debían disminuir su inversión en la infraestructura de transportes y la mejora del medioambiente, el principio de adicionalidad, como tal, no era aplicado.

---

23    Reglamento (UE) n.° 1300/2013 del Parlamento Europeo y del Consejo, de 17 de diciembre de 2013, relativo al Fondo de Cohesión y por el que se deroga el Reglamento (CE) n.° 1084/2006, *DOUE L 347*, de 20 de diciembre de 2013, p. 281/288.

24    BACHE, I., GEORGE S. and BULMAN, S., *Politics in the European Union*, págs. 430-431.

# 2.

---

# POLÍTICA REGIONAL TRAS EL TRATADO DE LISBOA

La integración política europea presenta como objetivo final que las regiones tengan cada vez más participación en la toma de decisiones dentro del proceso de conformación y asentamiento de la Unión Europea. Qué duda cabe de que, la inclusión de estas regiones constituye una base esencial de la integración europea.

Sin embargo, creemos necesario, antes de continuar con nuestra investigación, proceder a definir el término de región. Y ello lo haremos entendiendo que, la región es un ente público territorial de nivel inmediatamente inferior al estatal con capacidad de autogobierno, que tiene una conciencia diferente respecto del Estado del cual forma parte. Dicha disparidad puede ser en materia política, legislativa, económica o por razones culturales o históricas[25].

---

25    FROSINA, L., «Regiones y Unión Europea tras el Tratado de Lisboa. El Comité de las Regiones, los Parlamentos Regionales y el desafío de la *multilevel Governance*», *ReDCE*, N.º 22/2014, pág., 175. Asimismo, sobre el concepto de región, *vid.* MOLINA DEL POZO C.F.: *La Política Regional en la Europa Comunitaria, Edita Instituto de Empresa, Serie Europa*, Madrid, 1980; MOLINA DEL POZO C.F.: *Los Municipios y las Regiones en la Unión Europea*, Editorial Juruá, Porto, 2023; MOLINA DEL POZO C.F.: «La deseada y potencial participación de las regiones europeas en la implementación del Pacto Verde de la Unión Europea», en el *Anuario de la Facultad de Derecho de la UAH,* volumen XIV (2021): MOLINA DEL POZO y SALDAÑA ORTEGA V.: «La política de cohesión y la lucha contra el éxodo rural ante la nueva perspectiva federal de la Unión Europea», en la *Revista ICE*, 2022; MOLINA DEL POZO C.F.: «La política de Cohesión de la Unión Europea como impulsora del Desarrollo de las Regiones», en la *Revista de Derecho Urbanístico y Medio ambiente,* Año LIII, N.º 330-331, 2019; MOLINA DEL POZO C.F.: «Elementos de gobernanza en la Unión Europea: los entes descentralizados»:, en la *Revista Themis*, México, febrero de 2009; MOLINA DEL POZO C.F.: «Reforma de la organización administrativa de la Unión Europea: hacia una gobernanza multinivel como motor de la integración regional», en la obra: *Actas del Simposio sobre las regiones y la UE*, organizadas por la Universidad de Varsovia. Varsovia, 2010; MOLINA DEL POZO C.F.: «El papel fundamental de los entes regionales en la construcción de una

Ciertos países miembros de la Unión Europea cuentan con regiones geográficamente bastante extensas (como es el caso de Castilla-León en España con 92.226 km[26]), con un número muy significativo de habitantes (por ejemplo, la Región de Bruselas, que cuenta con 1.125.000 habitantes), siendo que, además, algunas de ellas tienen sus propias lenguas cooficiales (como pueden citarse, entre otros, los casos de Cataluña, Flandes, País Vasco, etc.).

Asimismo, existen regiones que manejan importantes presupuestos y que, también, poseen competencias relacionadas con, entre otros, los siguientes ámbitos de materias: la seguridad; la justicia; el medioambiente; la educación; la cultura; la fiscalidad, tal como sucede, por ejemplo, en Euskadi y Navarra (España); o las relaciones exteriores, como ocurre en los casos de Flandes y Valonia (Bélgica). En cambio, otras cuentan con poblaciones más reducidas y, no obstante, detentan el derecho de veto y pueden condicionar muchas decisiones, al menos formalmente[27].

De la misma manera, puede sostenerse que, como consecuencia de la repartición desigual de la población y la actividad económica, que predomina en las regiones urbanas, se han distribuido de forma irregular y confusa las capacidades institucionales. Ahora bien, la clasificación del respectivo nivel de bienestar de una región que, cuanto más alta sea podrá prescindir en mayor medida de la adopción de políticas regionales para orientar su corrección, se realiza a partir de factores socioeconómicos tales como el índice de desempleo, el PIB por habitante, etc.

Cabe destacar, en relación con la situación de Europa, la siguiente cita:

«En contra de la idea habitual que ve a los países europeos como entidades discretas y relativamente homogéneas (cultural, económica y socialmente), Europa presenta una unidad profunda que a su vez se descompone, de forma muy sofisticada, en una compleja jerarquía de centros y periferias (...)»[28].

Pues bien, hemos de constatar que, tanto las regiones como las entidades locales pueden ser actores emergentes. Sin embargo, en este punto, conviene plantearse la siguiente cuestión, ¿en qué medida estos que hemos denominado actores emergentes son materia o están sujetos a las diferentes políticas de la Unión? Será, finalmente, el Tratado de Lisboa el texto normativo que vino a establecer lo siguiente:

---

nueva federación política europea», en la obra dirigida por Bengoetxea J. *Europa de las Regiones y el Futuro de Federal de Europa*, Edita Consejo Vasco del Movimiento Europeo, EuroVasque y Dykinson, Madrid, 2019.

26  Junta de Castilla y León. «Geografía» https://conocecastillayleon.jcyl.es/web/es/geografia-poblacion/geografia.html, [Fecha de consulta: 15 de marzo de 2023]

27  Zarragoitia, M.A., *Europa de las regiones y el futuro Federal de Europa: balance y perspectiva de la gobernanza multinivel de la Unión Europea*, Dykinson, S.L., Madrid, 2019, pág., 25.

28  *Idem.* pág. 3.

- los entes subestatales son integrantes de la estructura política y constitucional de los Estados miembros y se debe respetar la autonomía local y regional (art. 4.2 del TUE);

- la Unión Europea fomentará la cohesión económica, social y territorial, así como la solidaridad entre los Estados miembros (art. 3, párr. 3 del TUE y Protocolo n.º 28 sobre la Cohesión Económica, Social y Territorial) y conocemos bien que, todo ello, constituye una parte esencial de la Política Regional;

- el art. 20 del TUE declara a la democracia representativa como base para el funcionamiento de la Unión, lo cual, de manera implícita, pudiera estar refiriéndose también a los Parlamentos regionales (art.10 del TUE).

También ha introducido novedades en relación con el principio de subsidiariedad[29], revalorizando la participación de los niveles subestatales en la fase prelegislativa. Para el control preventivo de este principio, existe un innovador *sistema de alerta temprana* ex ante. De conformidad con los arts. 5.3 párrafo 2.º y 12.b) del TUE, cualquier Parlamento nacional o alguna de sus Cámaras está facultado, previa consulta a los Parlamentos regionales con potestad legislativa, a intervenir en la llamada *fase ascendente*[30] del Derecho Comunitario a los efectos de verificar si los proyectos de actos legislativos respetan el principio de subsidiariedad.

En cuanto al control jurisdiccional, ha ofrecido nuevas posibilidades para promover, de manera indirecta una acción jurisdiccional en defensa de sus competencias.

---

[29]  Su base jurídica se encuentra en el artículo 5.3 del TUE y en el Protocolo n.º 2 sobre la Aplicación de los Principios de Subsidiariedad y Proporcionalidad. Este principio, junto con el de proporcionalidad, regulan el ejercicio de las competencias de la Unión Europea. El principio de subsidiariedad tiene como objeto que la Unión Europea en los ámbitos que no sean de su competencia exclusiva, pueda intervenir en aquellos casos en los que los objetivos de la acción no puedan ser alcanzados de manera suficiente por los Estados miembros, ni a nivel central ni a nivel regional y local, sino que puedan alcanzarse mejor, debido a la dimensión o a los efectos de la acción pretendida, a escala de la Unión. Asimismo, *vid.* Molina del Pozo C.F.: «Principio de Subsidiariedad y medio ambiente en la Unión Europea», en *Revista Derecho del Estado*, n.º 2, julio-1997, Edita Universidad Externado Colombia. Bogotá-1997; Molina del Pozo C.F.: «El principio de Subsidiariedad y la política medioambiental en la Unión Europea», en el *Anuario de la Facultad de Derecho de la Universidad de Alcalá*, volumen IV, año 1994-1995, Edita Universidad de Alcalá (Servicio de Publicaciones), Alcalá de Henares-1996; Molina del Pozo C. F.: «Le principe de subsidiarité et les différents systèmes d'aménagement territorial du pouvoir politique dans l'Union Européenne: le cas espagnole». En el libro que recoge las *Actes IIIème. Conference Internationale del I.I.S.A.*, Edita Institut International Sciences Administratives. Bruxelles-Pekin-1996; Molina del Pozo C.F.: «Subsidiariedad y Medio Ambiente en la Unión Europea», en el libro: *II Conferencia Europea de Ecología y Medio Ambiente*, Edita Instituto Español de Dirección de Empresas. Madrid-1997.

[30]  En el seno de la Unión Europea, alude al proceso de formación de la voluntad de los Estados miembros.

El art. 8 c) del Protocolo n.º 2, faculta a los Estados miembros a instancias del Parlamento nacional y, también, al Comité de las Regiones (nueva inclusión como sujeto legitimado para acudir ante el Tribunal de Justicia) a la presentación de un recurso contra actos legislativos que violen el principio de subsidiariedad y también por la defensa de sus prerrogativas conforme al artículo 263.3 del TFUE.

En conclusión, cada vez se reconoce en el contexto de la Unión Europea un mayor protagonismo a las autonomías territoriales, aunque sigue habiendo mediación de sus respectivos Estados en sus relaciones con las instituciones europeas. El objetivo se inclina hacia una Europa con las Regiones, en la que se extiende la aplicación del principio de subsidiariedad, se procura una mayor participación de las regiones en la formación y ejecución de normas y políticas europeas para lograr una democracia de proximidad abierta a la voluntad de los ciudadanos (art. 10.3 del TUE).

## 2.1. Compatibilidades con el Mercado Interior

El Mercado Interior constituye un pilar fundamental de la Unión, encontrándose su base jurídica en los artículos 4.2.a), 26, 27, 114 y 115 del TFUE.

Como fase previa, es preciso observar que, originalmente existía el Mercado Común que nació en el Tratado de Roma para eliminar los aranceles y las barreras en los intercambios comerciales entre los países miembros de la Comunidad Económica Europea. Desde el instante mismo en que un país pasaba a ser Estado miembro, en su territorio se daban las necesarias circunstancias para que se cumplimentaran las libertades económicas características del Mercado Común, las cuales —como es bien sabido— son las siguientes: libre circulación de mercancías, personas, servicios y capitales. Para que este régimen fuese de aplicación, se consideró siempre que, un paso decisivo en su camino lo constituyó la adopción del Arancel Aduanero Común, a partir del 1 de julio de 1968.

Muy brevemente, hemos de reseñar que, en la etapa a la que hacemos referencia se alcanzó cierta armonización fiscal, a través de la introducción generalizada del IVA, lográndose la libre circulación de ciudadanos y trabajadores y la eliminación de las restricciones cuantitativas. Ahora bien, la imposición de barreras técnicas, por parte de las autoridades públicas, dificultó, sin duda, la liberalización de estos dos últimos.

La década de 1970 estuvo marcada por el fin del sistema monetario internacional de Bretton Woods, el fracaso de la primera tentativa de creación de una Unión Económica y Monetaria, o la crisis del petróleo, entre otras cuestiones.

El verdadero cambio se produjo como consecuencia de la aparición de la sentencia de 1979 del TJUE, en el asunto «Cassis de Dijon», la cual introdujo el principio de reconocimiento mutuo, en el que un producto legalmente fabricado y comercializado en un Estado miembro de la Comunidad debería ser aceptado en los restantes Estados miembros. Los controles y prohibiciones sólo podían justificarse si, en un caso concreto, el producto atentaba contra algún objetivo ligado al interés general, determinado en el Derecho Comunitario[31].

A raíz de la publicación de dicha sentencia, a mediados de los años 80, el debate político sobre el comercio intercomunitario recobró impulso y llevó a la CEE, con el objetivo de suprimir las barreras comerciales, a crear el Mercado Interior.

No obstante, debe destacarse que, la adhesión de Grecia (1981), Portugal y España (1986), obligó a replantear la Política Regional. Pasaron de ser uno de cada ocho europeos los que contaban con rentas anuales de un 30 % inferior a la media comunitaria, a ser uno de cada cinco tras la incorporación de los mencionados países.

El Libro Blanco sobre la realización del Mercado Común en la perspectiva de 1992[32], publicado en el año 1985 por la Comisión Europea, que era presidida entonces por Jacques Delors, proponía 279 medidas legislativas necesarias para la supresión de los obstáculos a los intercambios en el interior de la Comunidad.

Las medidas propuestas se agruparon en torno a tres objetivos fundamentales: eliminación de las barreras físicas, técnicas y fiscales. Ahora bien, más del 90 % de los actos legislativos enumerados en el Libro Blanco de 1985 ya habían sido aprobados, especialmente, por mayoría cualificada.

En aquellos años, dos informes de los economistas italianos Padoa-Schioppa y Cecchini, se añadieron al debate sobre cómo mejorar la integración del mercado. El primer informe propuso medidas de acompañamiento adecuadas para acelerar los ajustes en las regiones y países estructuralmente débiles, al prever que durante la liberalización del mercado habría graves riesgos de desequilibrios.

El segundo informe, el famoso informe Cecchini, consistió en calcular el coste de la no Europa, es decir, más concretamente, las pérdidas económicas debidas a la no finalización del Mercado Único, situándose el porcentaje entre un 4,25 % y 6,5 % del PIB.

---

31  Sentencia del Tribunal de Justicia de 20 de febrero de 1979. Rewe-Zentral AG contra Bundesmonopolverwaltung für Branntwein. Petición de decisión prejudicial: Hessisches Finanzgericht - Alemania. Medidas de efecto equivalente a las restricciones cuantitativas. *Asunto 120/78.*

32  Libro Blanco de la Comisión al Consejo Europeo, «Libro Blanco sobre la realización del mercado común», *COM (85) 310,* de 28-29 de junio de 1985. Acerca de este tema, *vid.* MOLINA DEL POZO C.F.: *El Acta Única Europea. Edita Generalitat Valenciana. Consejería de Industria, Comercio y Turismo* (IMPIVA). Valencia, 1989.

La crisis presupuestaria y, también el deseo de completar el Mercado Interior y de promover la cohesión social, llevó a que la Comisión Europea presentase una propuesta al Parlamento Europeo y al Consejo para reformar el sistema financiero comunitario.

Así, surgiría la Comunicación del 15 de febrero de 1987, con el título de «Llevar a buen término el Acta Única: una nueva frontera para Europa», siendo conocida vulgarmente como el Paquete de medidas Delors I.

En marzo de 1988, fue adoptado por el Consejo el primer presupuesto comunitario para los años 1988 a 1993. Las medidas incluían la reforma de la Política Agrícola Común y la consolidación de la acción comunitaria en los ámbitos de Política de Cohesión, Ciencia, Política Medioambiental, de Transporte y Tecnología.

El cambio presupuestario benefició a los tres Fondos Estructurales (FSE, FEOGA y FEDER) y consiguió aumentar, de manera notable, sus respectivos recursos, lo que sería una excelente realidad que afectaría muy positivamente al desarrollo inmediato y futuro de la Política Regional.

En el año 1993, se produciría el importante compromiso político para alcanzar un volumen de recursos más elevado y adecuado como para ser destinados a incrementar las cuantías de los Fondos Estructurales, algo que vino a permitir superar la dotación del Paquete Delors I. Este cambio tuvo lugar debido, en parte, porque se estableció un nuevo modelo de funcionamiento de los Fondos y, también, porque se consolidaron los cuatros principios básicos de la Política Regional que la dotaron de una real dimensión europea[33]:

1. **Concentración,** en vez de abarcar muchos objetivos, se reducen a un número limitado, haciendo énfasis a las regiones menos desarrolladas.

2. **Programación** plurianual basada en el análisis, la planificación estratégica y la evaluación.

3. **Asociación** en el diseño y la ejecución de programas que reúnan a actores nacionales, subnacionales y de la Unión Europea, incluidos los interlocutores sociales y las organizaciones no gubernamentales, asegurando la responsabilización y la transparencia de las intervenciones.

4. **Adicionalidad,** garantizando que los Estados miembros no sustituyan los gastos nacionales por los de la Unión.

El nuevo enfoque a la Política Regional se fundamenta en la mejora del potencial de desarrollo general y endógeno de las regiones europeas. Así, la reforma de los Fondos Estructurales (FEDER, FEOGA y FSE) se debe al

---

33 GARCÍA NICOLÁS, C., *Las políticas de cohesión territorial.* https://www.openeuropeuv.es/las-politicas-de-cohesion-territorial/, [Fecha de consulta: 15 de septiembre de 2022].

esfuerzo de los países miembros por establecer políticas que atenuasen los efectos negativos que tendría el establecimiento del Mercado Único a partir del 1 de enero del año 1993.

En consecuencia, los 5 objetivos comunes para las regiones son:

I. Desarrollo y ajuste estructural de las regiones retrasadas.

II. Reconversión de zonas, incluidas las bolsas de empleo y las comunidades urbanas, gravemente afectadas por el declive industrial.

III. Ayuda a la adaptación de los trabajadores a los cambios industriales y a la evolución de los sistemas de producción.

IV. Lucha contra el desempleo de larga duración y ayuda a la reinserción profesional de los jóvenes y de las personas expuestas a la exclusión del mercado de trabajo.

V. Aceleración de la adaptación de las estructuras agrarias en el marco de la reforma de la Política Agrícola Común (PAC).

En el paquete conocido como Delors II (1993), presentado cuatro días después de la firma del Tratado de la Unión Europea en Maastricht, la Comisión Europea propuso que, la Comunidad Europea avanzara hacia la constitución de una Unión Económica y Monetaria, de manera que, se pudiera beneficiar plenamente de una zona económica organizada y de una moneda única. La propuesta incluía detalles del nuevo Fondo de Cohesión, la simplificación de la aplicación de normas y el aumento del presupuesto de los Fondos Estructurales.

El compromiso adoptado en el seno del Consejo Europeo determinó los recursos que se preveían para el período que abarcaba de 1994 a 1999. Como dato, significar que, alrededor de 153.000 millones de ecus, se asignaron a los Fondos Estructurales y 15.000 millones de ecus al Fondo de Cohesión, destinándose el 68 % de ese importe a las regiones y países más pobres.

El Reglamento del Fondo de Cohesión se adoptó en mayo de 1994, con una asignación que aumentó en 150.000 millones de ecus respecto del año anterior. Se les confirió a los países cuyo producto nacional bruto fuese inferior al 90 % de la media comunitaria (por ejemplo, Grecia, Irlanda, España y Portugal), a condición de que la convergencia económica cumpliese todos y cada uno de los criterios establecidos para la consecución de la Unión Económica y Monetaria. Esto permitiría que el Fondo pudiese cofinanciar hasta un 85 % de los proyectos en materia de medioambiente y de infraestructura de transporte por valor de más de 10 millones de ecus.

El siguiente período de programación, 1994-1999, respondió a los mismos criterios que la reforma de 1993, conservando los objetivos básicos, aunque reordenando los relativos a los recursos humanos y añadiendo un sexto objetivo, destinado, principalmente, a facilitar ayudas especiales a los territorios escasamente poblados, como Suecia y Finlandia.

Como ya sabemos, el Tratado de la Unión Europea firmado en Maastricht introdujo el principio de subsidiariedad, el cual se unió a los cuatro principios de la actuación estructural. Por medio de este mencionado principio, las autoridades nacionales eran competentes para elegir los proyectos a financiar y de encargarse de su realización, pese a que, en el diseño de la Política Regional y de Cohesión interviniesen todos los agentes implicados, en virtud del principio de cooperación. Igualmente, se creó el Comité de las Regiones que, en tanto que órgano consultivo, posibilitaba a las regiones para tener un foro de discusión político.

Cabe destacar que, durante este periodo, se realizaron importantes progresos políticos. En noviembre de 1996, se publicó el primer informe sobre la cohesión económica y social, que presentó las disparidades económicas y sociales de la Unión a nivel regional y evaluó el impacto de las políticas comunitarias y nacionales en su desarrollo.

En abril de 1997, se abrió el primer Foro de Cohesión, a través de las actuaciones del cual se adoptaban informes. A partir de su nacimiento, se ha convertido en el Foro de intercambio sobre Política de Cohesión que mantienen los Estados miembros, las regiones y las partes interesadas.

La Perspectiva Europea Espacial de Desarrollo (PEED) es un documento no vinculante legalmente, que se presentó en mayo de 1999. En el referido documento, se proporcionaba un marco político adecuado para proyectar y llevar a cabo las diferentes políticas sectoriales a nivel local, regional, nacional y europeo con consecuencias espaciales.

La firma del Tratado de Ámsterdam, en octubre de 1997, marcó el principio de la estrategia europea del empleo, que establecía una cooperación más estrecha de las políticas de empleo nacionales.

La gran novedad de este periodo fue la relevancia que adquirieron los mecanismos de evaluación. Es más, puede afirmarse que, hasta la actualidad, la evaluación se ha convertido en una pieza fundamental del entramado de la ejecución de las distintas políticas comunitarias, siendo su finalidad la de obtener criterios de valoración de la calidad de las intervenciones llevadas a cabo. En sentido estricto, del impacto, de la eficacia y de la eficiencia de los objetivos previstos[34].

En este periodo se crean dos Fondos nuevos: en primer lugar, el Instrumento Financiero de Orientación de la Pesca (IFOP), precedente del Fondo Europeo de Pesca (FEP) y del actual Fondo Europeo Marítimo y de Pesca (FEMP); y, en segundo término, el Fondo de Cohesión.

Para ir preparando el siguiente periodo de programación, en el año 1997, la Comisión Europea presentó la Agenda 2000: por una Europa más fuerte y

---

34   EUROPEAN COMMISSION. «Regional Policy» https://ec.europa.eu/regional_policy/home_en, [Fecha de consulta: 19 de marzo de 2023]

más amplia[35], por la futura adhesión de 10 nuevos países de Europa Central y Oriental (PECOS), que planteaba un triple reto para la Unión Europea:

- El primer reto fue el económico, debido a un atraso relativo de los nuevos países candidatos respecto con la UE-15, pero no peor que Portugal, España o Grecia antes de su adhesión.

- En segundo lugar, hallamos el reto financiero, el cual se debía a que los países del Este tienen una capacidad de contribución al presupuesto comunitario muy limitado. El peso financiero de la ampliación recaía, especialmente, sobre los países contribuyentes netos, que no se beneficiaban tanto de la Política de Cohesión.

- Y, por último, el reto de carácter político, en función a que los mencionados PECOS tuvieron que modificar sus estructuras políticas-administrativas, adaptándolas a los principios básicos de las democracias occidentales, así como hubieron de adoptar las necesarias medidas orientadas a cambiar a un sistema de economía de mercado para hacerse con las exigencias de la Unión Europea.

Había diferentes posiciones por parte de los Estados miembros, en lo relativo al aumento o no del presupuesto de la Unión Europea, ya que la ampliación podría financiarse con los recursos previstos. De hecho, la Agenda 2000 estableció un límite de un 1,27 % sobre el PIB comunitario.

También hubo opiniones bastante dispares entre los Estados que conformaban la UE-15, en materia regional. Unos estaban a favor de continuar con el esfuerzo de la Cohesión, mientras que otros defendían la necesidad de realizar una importante reforma de la Política de Cohesión para conseguir no aumentar su contribución. Todo esto se resolvió en marzo de 1999, en Berlín, cuando se aprobaron las Perspectivas Financieras hasta el 2006.

Los cambios de orientación en la Política Regional de este periodo fueron los siguientes:

- Mantener el esfuerzo de cohesión económica y social, como objetivo político, aunque con un techo presupuestario del 0,46 % del PIB de la Unión Europea.

- Acentuar la concentración, haciendo las nuevas orientaciones hincapié en el mejor aprovechamiento de los Fondos y en definir los objetivos de manera que hubiese una mayor concentración geográfica (reducción de la población beneficiaria del 50 % al 41 %) y una reducción de los objetivos anteriores a tan solo 3, a saber:

  - **Objetivo 1**: fomento del desarrollo y del ajuste estructural de las regiones menos desarrolladas;

---

35    Comunicación de la Comisión, «Agenda 2000: Por una Unión más fuerte y más amplia», *COM (97) final,* de 16 de julio de 1997.

- **Objetivo 2:** soporte a la reconversión económica y social de las zonas sometidas a dificultades estructurales, en lo sucesivo.

- **Objetivo 3:** apoyo a la adaptación y modernización de políticas y sistemas de educación, formación y empleo.

• Utilizar métodos operativos más simplificados y descentralizados. Este principio suponía una relativa reorientación del principio de programación y una modificación sustancial del principio de cooperación.

• Refuerzo de la eficacia y del control. El objetivo de mejorar la relación coste/eficacia se establece a través de la vigilancia del principio de adicionalidad, de potenciar los mecanismos de seguimiento, de mejorar los mecanismos de evaluación, de vigilar el control y la ejecución financiera de implementar la reserva de eficacia con idea de premiar a los mejores cumplidores.

• Mejorar los mecanismos de control. Este último principio exigía el establecimiento de sistemas más fiables y la posibilidad de realizar correcciones financieras.

Entre 2003 y 2010 se puso en práctica una nueva estrategia, que se focalizó en la necesidad de facilitar la libre circulación de mercancías, la integración de los mercados de servicios, la reducción de las repercusiones de las barreras fiscales y la simplificación del marco regulador. Se progresó de manera significativa en la apertura de los servicios de transportes, telecomunicaciones, electricidad, gas y correos.

El Tratado de Lisboa vino a establecer que, el Mercado Interior sería competencia exclusiva de la Unión Europea, motivo por el cual los Estados miembros no podrán intervenir en asuntos relacionados con la Unión Aduanera (establecimiento y funcionamiento del Mercado Interior, sobre la Política Monetaria y la Política Comercial común).

Ya en octubre de 2010, la Comisión Europea publicó una Comunicación titulada Hacia un Acta del Mercado Único[36], en la que presentó medidas enfocadas a subsanar el conjunto de cuestiones que resultaban pertenecer a aquellas áreas más afectadas por la crisis económica del momento. Su finalidad era, en consecuencia, lograr el impulso suficiente de la economía de la Unión Europea, así como contribuir determinantemente a la creación de puestos de trabajo.

La segunda parte del documento se publicó en el año 2012, orientándose, entonces, sobre cuatro motores, que se consideraban principales, para alcanzar los niveles de crecimiento deseados. Nos referimos, en concreto, a:

---

36  Comunicación de la Comisión al Parlamento Europeo, al Consejo, al Comité Económico y Social Europeo y al Comité de las Regiones, «Hacia un Acta del Mercado Único» *COM (2010) 608* final, de 27 de octubre de 2010.

las redes integradas, la movilidad transfronteriza de ciudadanos y empresas, la economía digital y las medidas para reforzar la cohesión y los beneficios de los consumidores[37].

EL 28 de octubre de 2015, la Comisión Europea publicaría una Comunicación titulada Mejorar el Mercado Único más oportunidades para los ciudadanos y las empresas[38]. Brevemente, podríamos decir que, en el citado documento lo que destaca es la intención de que el Mercado deba crear oportunidades para los consumidores, los profesionales y las empresas, al mismo tiempo que garantizar una serie de beneficios prácticos para los ciudadaneidad.

En este sentido, el Mercado Interior ha posibilitado un aumento de los intercambios comerciales dentro de la Unión Europea en, aproximadamente, un 15 % anual, durante diez años, facilitado, además, por la existencia de una moneda común. Asimismo, se ha impulsado la productividad y reducido los costes, mediante la supresión de las formalidades aduaneras, la armonización o el reconocimiento mutuo de las normas técnicas, y la disminución de los precios debida a la competencia. Esto ha generado un crecimiento adicional de un 1,8 % en los últimos diez años, y ha creado unos 2,5 millones de puestos de trabajo más, al tiempo que ha acercado los niveles de ingresos de los distintos Estados miembros[39].

En mayo del mismo año, la Comisión Europea anunció la Estrategia para el Mercado Único Digital[40], en el ámbito de la economía digital. Este mercado conseguirá mejorar el acceso a los consumidores y las empresas a los bienes y servicios de manera online, es decir, que conlleva la modernización del marco del comercio electrónico.

Adicionalmente, supone la modernización de los derechos de propiedad intelectual, la logística de paquetería, la economía colaborativa y estableciendo objetivos para las normas de las TIC, elementos clave en el mundo globalizado y digital en el que vivimos, y muchísimo más tras la pandemia.

Posteriormente, fue retomada en la Agenda Europea debido a su importancia para el desarrollo y adaptación a la tecnología actual. Entre 2016 y 2017, caben destacar los siguientes logros:

- Fin del roaming.

---

37  MOLINA DEL POZO, C.F.: «La armonización de las legislaciones», en *Derecho de la Unión Europea*, 8.ª edición, Editorial Reus, Madrid, 2024, pág., 319.

38  Comunicación de la Comisión al Parlamento Europeo, al Consejo, al Comité Económico y Social Europeo y al Comité de las Regiones «Mejorar el mercado único más oportunidades para los ciudadanos y las empresas», *COM (2015) 550 final*, de 28 de octubre de 2015.

39  PÉREZ-BUSTAMANTE, R. y GUINEA BONILLO, J. «Política de Mercado Interior» https://www.comunidad.madrid/sites/default/files/dgae_guia_politicas_mercado_interior_2020.pdf, [Fecha de consulta: 19 de marzo de 2023]

40  Comunicación de la Comisión al Parlamento Europeo, al Consejo, al Comité Económico y Social Europeo y al Comité de las Regiones, «Una Estrategia para el Mercado Único Digital de Europa», *COM (2015) 192 final*, de 6 de mayo de 2015.

- Modernización de la protección de datos.
- La portabilidad transfronteriza de contenidos en línea.
- El acuerdo de liberar el comercio electrónico poniendo fin al bloqueo geográfico injustificado.

En relación con las demandas realizadas por el Parlamento Europeo en su informe sobre «Hacia una mejor regulación del Mercado Único», éstas requieren de un futuro desarrollo, siendo uno de los más recientes el de la Directiva (UE) 2019/633, de 30 de abril de 2019, por la que se prohíben determinadas prácticas comerciales desleales. Entre estas prácticas desleales se incluyen: la morosidad en el pago de alimentos perecederos y las cancelaciones de pedidos de última hora.

En mayo de 2020, se anunció por la Comisión Europea en la Comunicación El momento de Europa: reparar los daños y preparar el futuro para la próxima generación[41], que la digitalización jugaría un papel importante para la recuperación de la crisis generada por la pandemia motivada por el COVID-19. En este aspecto, la clave es invertir en una mejor conectividad, desarrollar una economía de datos real y espacios comunes europeos de datos o con un entorno empresarial más justo y sencillo.

## 2.1.1. Base jurídica de la Política Regional y el Mercado Interior en la actualidad

El objetivo principal y último de la Política Regional de la Unión Europea consiste en lograr que los Estados miembros tengan un crecimiento económico equilibrado. Para ello, se constituyen motores de este cambio económico y social, tales como el trabajo y la mejora de la calidad de vida de sus ciudadanos.

A través de programas específicos de inversiones se ha procurado alcanzar la cohesión económica, social y territorial. Desde el año 1989, esta Política ha ido estructurándose en torno a una programación de periodos plurianuales y, en cada uno de los cuáles, se han ido estableciendo unas metas y unas regiones o zonas geográficas que han supuesto objetivo prioritario para la esencial atención en el tiempo.

Las sucesivas ampliaciones de la Unión Europea han exigido la necesidad de abrir nuevas posibilidades a las regiones europeas que se han ido incorpo-

---

41 Comunicación de la Comisión al Parlamento Europeo, al Consejo, al Comité Económico y Social Europeo y al Comité de las Regiones, «El momento de Europa: reparar los daños y preparar el futuro para la próxima generación», *COM (2020) 456 final*, de 27 de mayo de 2020.

rando, a la vez que se ha seguido buscando mantener el nivel de los avances conseguidos en las regiones y territorios en los que ya se habían beneficiado de estos Fondos.

Puede mantenerse que, sin ningún género de dudas, la Política Regional distribuye riqueza en Europa, y la misma se aplica través de tres instrumentos financieros básicos: primero, el Fondo Europeo de Desarrollo Regional (FEDER), que está destinado a contribuir a la corrección de los principales desequilibrios regionales dentro de la Unión Europea; segundo, el Fondo de Cohesión (FC), que proporciona una contribución financiera a proyectos en los sectores del medio ambiente y de las redes transeuropeas en materia de infraestructuras de transporte (artículo 177 del TFUE); y, tercero, el Fondo Social Europeo (FSE), creado por el Tratado de Roma, que nació para mejorar las posibilidades de empleo de los trabajadores en el Mercado Interior y contribuir así a la elevación del nivel de vida.

A través de ellos, su acción abarca cinco ámbitos, a saber:

1. Inversión en las personas, mediante ayudas para acceso al empleo, a la educación y de apoyo a la inclusión social.

2. Desarrollo de PYMEs.

3. Impulso a la investigación y a la innovación.

4. Mejora del medio ambiente.

5. Modernización del transporte hacia un transporte innovador y de la energía apoyando la energía renovable, para luchar contra el cambio climático.

La versión consolidada del TFUE[42] regula la Política Regional en su Título XI y Título XVIII (sobre la Cohesión Económica y Social, arts. 174 a 178).

El artículo 162 del TFUE regula el Fondo Social Europeo, necesario para mejorar las posibilidades de los trabajadores en el Mercado Interior y contribuir a la elevación del nivel de vida.

Los objetivos enumerados en el artículo 174 del TFUE —reducir las diferencias entre los niveles de desarrollo de las diversas regiones y el retraso de las regiones menos favorecidas—, serán conducidos por los Estados miembros en su Política Económica y, también, serán tenidos en cuenta al formular y desarrollarse las políticas y acciones de la Unión, así como las políticas de Mercado Interior (art. 175 del TFUE), siguiendo lo recogido en el artículo 114 del TFUE.

---

42    Versión consolidada del Tratado de la Unión Europea y del Tratado de Funcionamiento de la Unión Europea, *DOUE C 202*, de 07 de junio de 2016.

En consecuencia, la Unión Europea apoyará dicha labor mencionada a través de la actuación que realiza mediante Fondos con finalidad estructural (FEAGA, FSE, FEDER), el Banco Europeo de Inversiones y los otros instrumentos financieros existentes.

## 2.2. La Estrategia Lisboa y el Libro Verde de la Cohesión Territorial

Antes de adentrarnos en la Estrategia Lisboa, es importante estudiar los retos a los que se enfrentaba y sigue enfrentándose la Unión Europea.

El primero de ellos no es otro que una población cada vez más envejecida, que se caracteriza por la dependencia. En la Unión, en el año 2000, las personas mayores de 65 años representaban un 16,2 %, mientras que, en el año 2020, la cifra se incrementó al 20,6 %. Estos datos indican que, cada vez hay menos personas en edad de trabajar (entre 16 y 64 años), sin embargo, los mayores de 65 años siguen aumentando. Esto conlleva que, más de un millón y medio del total de las personas que habitan en el territorio de la Unión Europea, dependan de otros para poder realizar sus actividades diarias.

El segundo reto consiste en el alto desempleo existente entre jóvenes, mayores de 45 años y mujeres. Otros desafíos que podríamos mencionar son los crecientes flujos migratorios, los riesgos de exclusión social de personas o grupos vulnerables y los cambios demográficos, sociales y familiares.

Asimismo, resulta algo constatable que, la sociedad europea cada vez exige más calidad, eficacia y agilidad en las respuestas y servicios que prestan las Administraciones públicas, tales como, por ejemplo, mejora de las pensiones, una rápida atención sanitaria, etc.

Una vez señalados los escenarios, cabe preguntarse por las estrategias para alcanzar una Europa Social, un pilar fundamental al igual que el de la integración económica y monetaria y la estrategia de empleo.

Los jefes de Estado y/o de Gobierno de la Unión Europea, en una Cumbre celebrada en marzo de 2000 en Lisboa, acordaron un nuevo objetivo estratégico para la Unión. La finalidad era lograr que ésta se convirtiera en la economía más competitiva del mundo, capaz de crecer económicamente de manera sostenible, ofreciendo más y mejores empleos y con mayor cohesión social imprescindible para afrontar los cambios estructurales, fijándose como fecha para su consecución el año 2010.

Los diputados del Parlamento Europeo trataron de moderar la liberalización a través de medidas destinadas a proteger a los trabajadores, consumidores, el medio ambiente y los servicios públicos básicos.

Desde la introducción del euro y de la agenda de reforma económica hasta finales de los 90, la Unión disfrutó de un entorno macroeconómico bastante diferente al actual.

Como se puede observar en el siguiente gráfico[43], el PIB de la UE-15 tenía una tendencia creciente durante los periodos previamente señalados, que se interrumpió en el año 2000, mismo año que se adoptó la Estrategia Lisboa.

GRÁFICO 1

CRECIMIENTO REAL DEL PIB, 1992-2004

—— UE-15   —— España   —— Estados Unidos   - - - Japón

FUENTE: Eurostat.

Tanto las revisiones del Pacto de Estabilidad y Crecimiento y la Estrategia Lisboa, han tenido como objetivo aumentar la responsabilidad nacional sobre las medidas, por dos razones, a saber: por una parte, la falta de instrumentos adecuados para ejercer la autoridad sobre todo en el ámbito de las reformas estructurales. La ausencia de estas reformas es la que provoca el escaso crecimiento de las economías europeas y, por otra parte, la escasa legitimidad que los Estados miembros han otorgado en los últimos años a la autoridad europea.

Puede decirse que, la Estrategia Lisboa abarcaba distintos frentes, tales como el Mercado Interior, la educación, las reformas económicas estructurales, una moneda única y unas finanzas económicas estables, entre otras. Parece evidente que, estos ámbitos se relacionan entre sí, por ejemplo, las finanzas públicas sostenibles ayudan el crecimiento y, en consecuencia, a la creación de puestos de trabajo, mientras que, una menor tasa de desempleo significa menos costes destinados a la seguridad social que, a su vez, mejoran las finanzas públicas.

---

43   Montalvo Santamaría, A. «La estrategia de Lisboa: de la política económica a la economía política», *75 años de la política económica española, ICE*, noviembre de 2005, n.º 826, págs. 505-529.

Sin perjuicio de que otras medidas sí fueran de carácter legislativo, muchas de las disposiciones adoptadas en la Cumbre fueron acuerdos intergubernamentales, por lo que la Comisión Europea y el Parlamento Europeo tuvieron un papel secundario[44].

## 2.2.1. Una agenda social de la Unión Europea

La Estrategia Lisboa es una agenda global de medidas, cuyo objetivo fundamental consiste en aumentar el crecimiento potencial de la economía de la Unión, y ello a través de un conjunto de actuaciones, las cuales pueden dividirse en cuatro grandes áreas: empleo, sociedad del conocimiento (educación, I+D e innovación), reforma económica y cohesión social[45].

En el año 2001, se llevó a cabo la inclusión en esta lista expuesta de metas, de una más, concretamente, el desarrollo sostenible. Los elementos a los que más atención se le prestaron, así como cuales fueron sus respectivos logros, serán las cuestiones que señalaremos a continuación.

### 2.2.1.1. Mercado Interior

Supuso un elemento esencial de la Estrategia, siendo la intención aumentar el porcentaje de transposición de Directivas de Mercado Interior al 98,5 %. Este deseo se debe a que, resulta fundamental para el crecimiento económico eliminar los obstáculos a la competencia y facilitar el acceso, en igualdad de condiciones, a los mercados nacionales de las empresas de los otros Estados miembros.

El Parlamento Europeo había logrado liberalizar, para el año 2007, la distribución de gas y electricidad; a partir de 2006, se desreguló el transporte de mercancías por ferrocarril; los servicios postales se abrirán gradualmente a la competencia, aunque se garantizará un servicio universal para el correo de menor peso.

Ahora bien, actualmente, y debido a que se han actualizado las normas sobre contratos públicos para incrementar la competencia, se espera una bajada del coste de las obras públicas y de los contratos de suministro.

También, se han registrado progresos en materia de gestión única del espacio aéreo europeo, lo que deberá reducir los retrasos en los aeropuertos.

---

44   EUR-LEX. «Crecimiento y empleo» https://eur-lex.europa.eu/legal-content/ES/TXT/?uri=LEGISSUM%3As02315&lang1=ES&from=EN&lang3=choose&lang2=choose&_csrf=e-3ce3930-5a47-4136-9791-b2332a05b269, [Recuperado el 11 de abril de 2023]

45   PARLAMENTO EUROPEO. «Consejo Europeo de Lisboa, 23 y 24 de marzo de 2000. Conclusiones de la presidencia» https://www.europarl.europa.eu/summits/lis1_es.htm, [Recuperado el 11 de abril de 2023]

Sin embargo, el Parlamento Europeo rechazó las propuestas de apertura a la competencia de los servicios portuarios, aduciendo problemas de seguridad y empleo.

## 2.2.1.2. Empleo

La idea era que, la creación de empleo fuese a consecuencia del crecimiento económico a través del aumento de la competitividad, reducción de la burocracia y por las reformas estructurales. Sin embargo, no se llevaron a cabo importantes medidas legislativas sobre este asunto.

El objetivo global consistía en aumentar la tasa de empleo hasta un 70 % de la población antes de 2010 y un 67 % para antes de 2005. Sin embargo, la tasa de empleo aumentó en torno al 62,5 % en 1999, habiendo creado más de seis millones de puestos de trabajo en ese mismo año, y un 64,3 % en 2002. El paro de larga duración cayó en un 1 % en el año 2002 respecto del 4 % de 1999.

El Parlamento Europeo reiteró en varias de sus resoluciones la necesidad de hacer compatible la vida profesional con la familiar, con la finalidad de que un mayor número de mujeres se incorporase a la vida laboral. Como objetivo secundario, se estableció aumentar el porcentaje de mujeres profesionalmente activas del 51 % en 1999, siendo la de los hombres un 61 %, al 60 % en 2010.

Cierto es que las mujeres están logrando mejores resultados en el mercado de trabajo, pero no puede decirse lo mismo de los trabajadores de mayor edad, de entre 55 y 64 años. El objetivo de empleo para esta categoría de población se estableció en el 50 % para 2010, pero en 2002 sólo tenían trabajo un 40,1 %.

A nivel de la Unión Europea se pretendía eliminar las barreras a la movilidad entre y dentro de los Estados miembros, así como mejorar la calidad en el puesto de trabajo ofreciendo un entorno sano y saludable.

A nivel estatal, algunas de las medidas recogidas en la Estrategia que podríamos destacar son la reducción de la carga impositiva sobre los que perciben salarios más bajos y reducir la economía sumergida.

## 2.2.1.3. Mercados financieros

Lograr unos mercados financieros más integrados, eficientes y transparentes que fomenten el crecimiento mediante una mejor asignación de los capitales.

El Parlamento Europeo ha aprobado medidas legislativas sobre: el folleto único para los emisores de acciones y obligaciones; el fomento de la competencia entre Bancos y Bolsas en la gestión de las acciones; unas reglas comunes contra los abusos de mercado y la información privilegiada; la supresión de obstáculos a la inversión en Fondos de Pensiones; la apertura de los mercados de intermediación en los seguros; la protección de los accionistas minoritarios en caso de ofertas públicas de adquisición; y, los criterios de transparencia para las empresas que cotizan en Bolsa.

### 2.2.1.4. Acceso a la información

Es fundamental el desarrollo de la sociedad de la información, para dirigirse hacia una economía basada en el conocimiento y para la creación de puestos de trabajo en sectores en ascenso. El Parlamento Europeo aprobó importantes medidas legislativas para incrementar la competencia en el campo de las telecomunicaciones y propagar la utilización de Internet.

Actualmente la situación es optimista, la productividad del sector europeo de las telecomunicaciones es un 15 % más elevada que en los EE. UU., según estudios realizados por la Comisión Europea. Para lograr unos mercados de telecomunicaciones integrados y liberalizados, los costes y los precios han de ser más bajos para los usuarios, así como el coste de acceso a internet. Para ampliar la utilización de Internet se creó un dominio haciendo frente a los problemas del «correo basura» y facilitando las compras por internet.

### 2.2.1.5. Educación

La educación y la investigación son esenciales para el crecimiento y el empleo. Los Estados miembros deben tener por objetivo el incremento de la inversión per cápita en recursos humanos y dar prioridad al aprendizaje a lo largo de la vida, dado que una mejor formación facilita el acceso al empleo.

No obstante, no se han tomado medidas legislativas a nivel europeo sobre la materia. Únicamente se han elaborado estudios al respecto, que muestran unos resultados decepcionantes. La Unión Europea invierte un 1,1 % del PIB en educación superior, comparado con el 3 % en los Estados Unidos. Esta diferencia se debe, en gran medida, a la falta de capitales privados, visto que los niveles de inversión pública son parecidos.

La proporción de adultos con estudios superiores sigue aumentando, pero es preocupante el porcentaje de jóvenes que dejan la escuela sin ningún tipo de título educativo (el 18,1 % en 2003), muy superior al objetivo del 10 % para 2010.

El Parlamento Europeo aprobó el objetivo acordado por los Estados miembros de dedicar un 3 % del PIB a la I+D. Sin embargo, los gastos en investigación sólo son de un 1,9 % del PIB en la Unión Europea, respecto el 2,9 % en los Estados Unidos y el 3 % en Japón.

Es cierto que, la Unión Europea cuenta con un Programa Común de Investigación, dotado con fondos que ascienden hasta cerca del 4 % del presupuesto comunitario. Además, conviene señalar que, el Parlamento Europeo participa en la fijación de la dotación presupuestaria de este Programa plurianual y siempre ha presionado para que se aumente el importe de los fondos disponibles para el mismo. También, decide cuáles deben ser los principales campos de investigación del Programa.

Los diputados del Parlamento Europeo han apoyado el fomento de la movilidad de investigadores y estudiantes, por medio del programa Erasmus Mundus, y han mejorado la legislación de la Unión sobre el reconocimiento de los títulos educativos, con el fin de facilitar que los profesionales puedan trabajar en otros Estados miembros.

Sin embargo y, por el momento, no se ha logrado crear una patente de la Unión Europea, lo cual sería de enorme utilidad para que se fomentara la investigación al simplificar los procedimientos de registro de patentes.

### 2.2.1.6. Políticas macroeconómicas

Otro reto importante es lograr el equilibrio óptimo de instrumentos de política económica para promover el crecimiento. El Parlamento Europeo ha apoyado la independencia del Banco Central Europeo (BCE) y el objetivo de la estabilidad de precios como base del crecimiento sostenible.

Sin embargo, los diputados al Parlamento Europeo han criticado el elemento fiscal de la combinación utilizada, dado que no existe una Política Fiscal a nivel de la Unión Europea y que los Gobiernos no han respetado el Pacto de Estabilidad y Crecimiento, es decir, el conjunto de normas sobre gasto público que tienen como fin evitar que los presupuestos públicos alcancen un excesivo déficit. El déficit anual medio de los países de la Unión había sido del 2,7 % en 2003, causado en parte por un crecimiento económico débil.

La deuda pública media ha sufrido un aumento que, actualmente, asciende al 64,1 % del PIB. El Parlamento Europeo señala, como causa principal de la reducción del crecimiento del PIB que, en la mayor parte de los Estados miembros no se han ejecutado reformas estructurales que eran absolutamente necesarias.

Adicionalmente, los diputados han mostrado su preocupación por no haberse conseguido dirigir el gasto público hacia las inversiones productivas, tal como se acordó en Lisboa, ni aliviar de manera suficiente la presión fiscal sobre el trabajo.

El Parlamento Europeo ha apoyado el Pacto de Estabilidad y Crecimiento, y los eurodiputados han sugerido que se cree y ponga en marcha un sistema de alerta rápida cuando los Estados miembros no logren un superávit presupuestario durante las épocas de fuerte crecimiento, y no sólo cuando aumenten los déficits durante los períodos de débil crecimiento. Los diputados al Parlamento Europeo se muestran divididos acerca de la «regla de oro», según la cual deberían excluirse ciertos tipos de inversión del cálculo de los déficits presupuestarios y, recientemente, decidieron por un escaso margen de votos no dar su apoyo a dicha regla.

### 2.2.1.7. Medio ambiente y desarrollo sostenible

En esta materia, son cuatro los objetivos que deben ser señalados:

- *Cambio climático:* reducción de los gases de efecto invernadero con progresos visibles antes de 2005, avanzar hacia un objetivo del 22 % de energías procedentes de fuentes renovables y fijar objetivos nacionales consistentes con el valor de referencia del 5,75 % para biocarburantes para transporte (2010).

- *Transporte sostenible*: separar crecimiento del PIB y del transporte, pasando del transporte por carretera, evitar el aumento del volumen de tráfico, congestión, ruido y contaminación y promover el uso de transporte ambientalmente sostenibles.

- *Salud:* atender las preocupaciones de los ciudadanos en material de seguridad y calidad alimentaria.

- *Gestión de recursos*: disociar crecimiento económico y acumulación de residuos o uso de recursos naturales[46].

## 2.2.2. El fin de la Estrategia de Lisboa

Una de las principales dificultades en la aplicación de la Estrategia es que había todo un catálogo de medidas heterogéneas, por lo que hemos podido observar anteriormente que, si bien eran recomendables no eran prácticas, ya que no respondían a los problemas específicos de cada Estado miembro.

Otro problema fue que la Estrategia no se trataba de un Plan de Acción, en sentido estricto de la palabra, porque los Estados miembros tenían una amplia discreción dentro de un marco establecido y, tampoco fue un modelo por objetivos, ya que los países eran valorados por las acciones y no por los resultados obtenidos. Esta última razón es la causa por la que se dificulta apreciar los progresos de la Estrategia.

El enfoque Lisboa implica que, si se adoptaba las medidas estipuladas en un contexto macroeconómico saneado, se preveía una tasa de crecimiento medio anual del 3 % para los próximos años. Los Estados miembros debían

---

46    Montalvo Santamaría, A. «La estrategia de Lisboa: de la política económica a la economía política», *75 años de la política económica española, ICE*, noviembre de 2005, n.º 826, págs. 505-529.

asegurar la sostenibilidad de las finanzas públicas y redirigir el gasto público dando relevancia relativa de la acumulación de capital físico y humano y apoyando la I+D e innovación y las TIC.

El 3 de febrero de 2010, habiendo llegado a su fin la Estrategia de Lisboa, la Comisión Europea reconoció de manera oficial la no consecución de los resultados esperados. El fracaso ha sido atribuido a las variadas insuficiencias constatadas en la previsión o, también, a la falta de compromiso de las diferentes Administraciones involucradas en este proceso.

Asimismo, la Comisión Europea reconoció la carencia de atención a los factores que han provocado la crisis, tales como, por ejemplo, la supervisión financiera, el consumo basado en el crédito o las llamadas burbujas bursátiles.

Como consecuencia, y para reemplazar a la Estrategia de Lisboa, comenzaría una nueva Estrategia Integrada, de crecimiento y empleo, la cual estaría vigente hasta el año 2020.

## 2.2.3. El Libro Verde de la Cohesión Territorial

Desde la publicación de los informes Europa 2000[47] y Europa 2000+ se iniciaron los debates en materia de desarrollo territorial. Durante una reunión de la Asamblea de Regiones Europeas, celebradas en Amberes, surge el concepto de *cohesión territorial*.

En el año 1998, los Estados miembros adoptaron la Perspectiva Europea de Ordenación Territorial[48]. Las frecuentes reuniones entre los ministros responsables de la planificación territorial y del desarrollo regional tuvieron como resultado la adopción de una Agenda Territorial, la cual estableció estas tres prioridades para la cohesión:

- Fomentar la cooperación y el intercambio entre los territorios.
- Establecer políticas nacionales y regionales de desarrollo territorial para el buen aprovechamiento de sus activos territoriales.
- Aumentar la coherencia de las políticas de la Unión Europea con efectos territoriales.

Ahora bien, cabe destacar que, son tres los tipos concretos de regiones con problemas de desarrollo: las regiones montañosas, insulares y las regiones escasamente pobladas de la Unión Europea, cuya población habita

---

47    COMISIÓN EUROPEA, DIRECCIÓN GENERAL DE POLÍTICA REGIONAL Y URBANA. «Europa 2000: Perspectivas de desarrollo del territorio de la Comunidad», *Oficina de Publicaciones*, 1991 https://op.europa.eu/es/publication-detail/-/publication/b1380f75-b5c2-4deb-94b4-49ab9a6c853b, [Recuperado el 12 de abril de 2023]

48    Resolución del Parlamento Europeo relativo a la ordenación del territorio y a la Perspectiva europea de ordenación territorial, *DOUE C226* de 20 de junio de 1998.

en las zonas rurales, siendo casi todas regiones fronterizas. Igualmente, las zonas costeras están expuestas a los efectos del calentamiento global, así como, es constatable que, las regiones ultraperiféricas se enfrentan a la migración, al cambio demográfico, a la accesibilidad y a la integración regional.

El Libro Verde de la Cohesión Territorial[49] fue publicado el 6 de octubre 2008, tras celebrarse en París una conferencia de la Comisión Europea de dos días de duración. En dicho documento se abre un debate sobre asuntos importantes en la forma de trabajar de la Unión Europea.

El citado documento surge de una petición de los Estados miembros y del Parlamento Europeo, que consideraron la cohesión territorial un asunto relevante, pues creían necesario convertir la diversidad territorial en una ventaja a través de una política flexible que produjera resultados en el medio y largo plazo.

La cohesión territorial consiste en garantizar un armonioso desarrollo de los diversos territorios que existen en el contexto geográfico de la Unión, teniendo muy en cuenta sus distintas y peculiares características inherentes, algo que es válido para enriquecerlos y conseguir que sus habitantes puedan servirse de ellas. La idea consiste en que, ningún territorio se sienta discriminado por tener menos ventajas respecto al resto en lo que, entre otros aspectos, hace referencia al ámbito del empleo y a las condiciones de vivienda. En definitiva, no deja de ser un medio para convertir esa diversidad en un activo que ayude al crecimiento sostenible de la Unión Europea.

La relación entre la competitividad y el crecimiento económico depende de la capacidad de las personas y las empresas para aprovechar los activos territoriales. Para que haya competitividad tiene que haber vínculos entre los territorios, de manera que, se pueda garantizar la utilización de los mencionados activos comunes de una forma coordinada y sostenible.

Este referido documento, no sólo aborda la Política de Cohesión, sino que también, plantea el modo en el que los ciudadanos utilizan los espacios en los que viven; la contaminación; se ocupa de hacer frente a la marginación social en las grandes regiones; de coordinar las políticas en zonas como la región del mar Báltico; estudiar las implicaciones territoriales de las distintas Políticas sectoriales; la conexión entre la cooperación y la competitividad; y, por último y no por ello menos importante, la naturaleza de la cooperación territorial.

La cuestión que se plantea es: ¿cómo pueden lograrse las ventajas de la actividad económica concentrada y evitarse a la vez sus repercusiones negativas, algunas de ellas ya mencionadas más arriba? La respuesta se encuen-

---

49  Comunicación de la Comisión al Consejo, al Parlamento Europeo, al Comité de las Regiones y al Comité Económico y Social Europeo, Libro Verde sobre la cohesión territorial Convertir la diversidad territorial en un punto fuerte, *COM (2008) 616 final*, de 6 de octubre de 2008.

tra, sin duda, en la existencia de factores que se nos antojan claves, tales como el fomento de la conexión, la cooperación y la concentración. A ellos dirigiremos nuestra atención a continuación.

## 2.2.3.1. Conexión

En primer lugar, es importante la conexión de los medios de transporte, para ello es necesario crear sistemas avanzados de gestión del tráfico.

Un problema que sufren algunos de los nuevos Estados miembros es que no pueden ofrecer servicios de alta velocidad porque los ferrocarriles son irregulares y/o los enlaces por carretera son escasos. Dado el uso intenso de transporte de mercancías, algunas poco desarrolladas, por vía marítima y fluvial, no se está consiguiendo reducir las emisiones de $CO_2$.

Las zonas rurales tienen la desventaja de tener acceso limitado a servicios como a la sanidad o a la educación. Cerca de un 43 % de la población vive a más de una hora de su centro de educación superior y un 40 % de la población vive a más de media hora de distancia de un hospital.

También es fundamental la interconexión, un buen acceso a internet, ya que hay zonas en las que no se está aprovechando todo su potencial para ofrecer aprendizaje a distancia o telemedicina.

La Política de Cohesión ha incidido de manera positiva en las áreas metropolitanas que abarcan fronteras locales y regionales, así como en las regiones fronterizas de la UE-15, gracias al aumento de la actuación de los sistemas de asistencia sanitaria transfronterizos. Las regiones del sur y este tienen un PIB per cápita bajo, menos todavía que las zonas fronterizas. Por esta razón y, también, porque tienen más población, se puede observar que se producen más presiones migratorias.

## 2.2.3.2. Cooperación

Las inundaciones, los incendios, los agentes contaminantes o la sequía son problemas a los que el cambio climático puede aumentar su frecuencia y gravedad. Una de las soluciones aportadas consiste en llevar a cabo una cooperación transfronteriza eficaz, dado que son dificultades e inconvenientes que pueden afectar a todos los países y regiones en mayor o menor grado, o que, habiendo surgido aparentemente en una región concreta, su verdadero origen se encuentra en otro territorio.

La cooperación transfronteriza fue respaldada por la Unión Europea en 2006 mediante la creación de la figura jurídica de las Agrupaciones Europeas de Cooperación Territorial (AECT)[50]. Las AECT incluyen, asimismo, la coo-

---

50    Reglamento (UE) n.º 1302/2013 del Parlamento Europeo y del Consejo, de 17 de diciembre

peración transnacional e interregional, debido a que el transporte público, el acceso a la sanidad, la educación superior también cruza las fronteras regionales.

Las estructuras de cooperación reúnen tanto a actores públicos como privados, sobre todo para las políticas de innovación. La aplicación de las políticas de crecimiento económico requiere de respuestas políticas en las diferentes escalas geográficas existentes, entre autoridades locales, entre países o entre la Unión y terceros países.

Existen organismos metropolitanos que reúnen a autoridades locales, regionales y nacionales para ocuparse de asuntos como el transporte público, el desarrollo económico, el acceso a la formación, la calidad del aire y las basuras, etc., que trascienden las fronteras regionales.

Por ejemplo, tenemos el caso de las Eurometrópolis Lille-Kortrijk-Tournai[51], siendo la primera AECT creada, que supera las fronteras locales y regionales, inclusive las fronteras nacionales.

Otra asociación de derecho público es la Eurorregión Rhein-Waal, creada por autoridades locales alemanas y holandesas con alrededor de 55 organizaciones miembros, incluyen municipios, autoridades regionales y cámaras de comercio de la región fronteriza, cuya preocupación es mejorar la cooperación transfronteriza en las empresas y la sociedad[52].

## 2.2.3.3. Concentración

La distribución de la población en la Unión es una característica poco común, puesto que existen cerca de 1.000 ciudades grandes y 5.000 ciudades pequeñas. A pesar de que la red urbana es relativamente más densa, sólo el 7 % de la población vive en ciudades de más de 5 millones de habitantes, frente al 25 %, por ejemplo, en Estados Unidos.

Las ciudades son más pequeñas en la Unión Europea, viéndose afectada, de este modo, la productividad. En efecto, la Unión posee una menor concentración espacial de la actividad económica que otras zonas desarrolladas

---

de 2013, por el que se modifica el Reglamento (CE) n.º 1082/2006 sobre la Agrupación Europea de Cooperación Territorial (AECT) en lo que se refiere a la clarificación, a la simplificación y a la mejora de la creación y el funcionamiento de tales agrupaciones, *DOUE L 347* de 20 de diciembre de 2013, p. 303/319. Asimismo, *vid.* MOLINA DEL POZO C.F.: *El Derecho de los Transportes en la Unión Europea*, Editorial Colex, A Coruña, 2023, pág. 128. ISBN: 978-84-1359-823-9; MOLINA DEL POZO C.F.: *Los Municipios y las Regiones en la Unión Europea, Jaruá Editorial*, Porto, 2023, págs. 64 a 82, especialmente, págs. 78 a 81. ISBN: 978-989-712-908-7

51    EUROMETROPOLIS. «Home» https://www.eurometropolis.eu/en/home, [Recuperado el 12 de abril de 2023]

52    MOLINA DEL POZO, C. F., *Derecho de la Unión Europea,* 8.ª edición corregida y ampliada, Editorial Reus, Madrid, 2024, págs. 567 a 587.

del mundo, es por ello por lo que, otorga más valor al desarrollo sostenible, a la protección de los recursos naturales y a las tradiciones.

Se pone de manifiesto que, aunque la vida urbana sea una característica generalizada, ésta no posee un carácter focalizado, ya que los habitantes de las ciudades viven cerca de las zonas rurales y, los residentes rurales de las zonas aludidas suelen vivir a corta distancia de los lugares de provisión de servicios. Es decir, las pequeñas y medianas ciudades son importantes, ya que ofrecen infraestructuras y servicios fundamentales para evitar la despoblación rural y el éxodo a las grandes urbes.

El hecho de que la actividad económica se encuentre más concentrada hace que las actividades y servicios se desarrollen en emplazamientos específicos, por lo que hay un elevado PIB per cápita, empleo, I+D e innovación en las capitales o en las conurbaciones más pobladas. Al mismo tiempo, la congestión provoca deseconomía[53], ocasionando problemas de declive urbano y marginación social.

Por consiguiente, la atención ha de estar puesta en reducir los efectos negativos de las concentraciones y asegurar que todos los niveles territoriales puedan beneficiarse de unas economías especializadas y productivas.

Se apela a la coordinación entre las ciudades en regiones mixtas y rurales, dado que las zonas rurales alejadas de las ciudades pueden beneficiarse de las regiones mixtas, al recibir acceso a servicios, evitándose así el éxodo rural. En la Unión, las zonas rurales son un componente fundamental, por ser territorios donde se sitúan la mayoría de los recursos y parques naturales[54].

En conclusión, se busca garantizar un desarrollo territorial equilibrado y sostenible fortaleciendo la competitividad económica, a la vez que se conserva sus activos naturales. Esto supone evitar desmedidas concentraciones de crecimiento y facilitar acceso a las crecientes ventajas de los centros urbanos en todos los territorios.

---

[53] Es un fenómeno que ocurre cuando una empresa tiene costos marginales crecientes por unidad adicional de producción. Es el antagónico a la economía de escala. Sobre esta temática, asimismo, *vid.* MOLINA DEL POZO C.F.: «Comentario acerca del informe de la Comisión Europea sobre el impacto del cambio demográfico en Europa», en *Revista Derecho y Economía de la Integración*, ISSN-e 2530-5093, N.º 8, 2020, págs. 79-93. MOLINA DEL POZO y SALDAÑA ORTEGA V.: «La política de cohesión y la lucha contra el éxodo rural ante la nueva perspectiva federal de la Unión Europea», en *Revista ICE*, 2022.

[54] GONZALEZ VALLVÉ, J.L. y BENEDICTO SOLSONA, M.A. *La mayor operación de solidaridad de la historia. Crónica de la política regional de la UE en España*, Oficina de Publicaciones Oficiales de las Comunidades Europeas, Luxemburgo, 2006, ISBN 92-79-01900-7.

## 2.3. La política de cohesión económica, social y territorial

La Unión fortalece su cohesión económica, social y territorial para promover un desarrollo armonioso en todo su territorio, buscando reducir las disparidades entre los niveles de desarrollo de sus distintas regiones, especialmente en las zonas rurales, o las zonas afectadas por una transición industrial y a las regiones que padecen desventajas naturales o demográficas graves y permanentes. Por ejemplo, se verían más afectadas las regiones más septentrionales con escasa densidad de población y las regiones insulares, transfronterizas y de montaña.

La política de cohesión económica, social y territorial tiene como base jurídica los artículos 174 a 178 del Tratado de Funcionamiento de la Unión Europea, siendo la principal política de inversión en la Unión.

Beneficia a todas las regiones y ciudades de la Unión y favorece el crecimiento económico, la creación de empleo, el desarrollo sostenible, la competitividad empresarial y la protección del medio ambiente.

Como bien sabemos, siempre han existido disparidades territoriales y demográficas en la Comunidad Europea que obstaculizaban la integración y el desarrollo en Europa. El Tratado de Roma estableció mecanismos de solidaridad a través del Fondo Social Europeo y el Fondo Europeo de Orientación y de Garantía Agrícola. En 1975, se introdujo una dimensión regional con la creación del Fondo Europeo de Desarrollo Regional y, en 1994, nacería el Fondo de Cohesión.

Con el Acta Única Europea de 1986, la cohesión económica y social pasó a ser competencia de la Comunidad y, finalmente, el Tratado de Lisboa introdujo la cohesión territorial como una tercera dimensión de la cohesión de la Unión. En consecuencia, las tres dimensiones, económica, social y territorial, reciben el apoyo de la política de cohesión y de los Fondos Estructurales.

A continuación, analizaremos la política regional y de cohesión en el periodo 2007-2013.

### 2.3.1. Política de cohesión de la Unión en el período 2007-2013

En febrero de 2004, la Comisión Europea publicó un documento sobre el futuro de la Unión ampliada que incluía una propuesta presupuestaria para los años 2007-2013.

En junio de 2004, se presentaron 5 paquetes legislativos: uno de disposiciones generales, tres relativos al FEDER, al FSE y al Fondo de Cohesión y uno final relativo a la «Agrupación Europea de Cooperación Territorial».

Si bien se adoptó el 11 de julio de 2006, en diciembre del mismo año estos Reglamentos fueron sustituidos por un solo Reglamento con disposiciones sobre información y publicidad, sistemas de gestión y control, irregularidades, correcciones financieras y elegibilidad.

Los objetivos 2 y 3 que veíamos del periodo 2000-2006 fueron fusionados, y además, la reforma de 2006 transformó la iniciativa INTERREG en un tercer objetivo e incluyó otras iniciativas comunitarias en los programas principales.

En consecuencia, para el período 2007-2013, estos son los objetivos prioritarios:

- **Convergencia:** pretende acelerar la aproximación de los Estados miembros y de las regiones menos desarrolladas, aquellas que tienen un PIB per cápita inferior al 75 % de la media de la Unión.

- **Competitividad y empleo regionales:** centrado en el resto de las regiones de la Unión con el objetivo de fijar la competitividad y el atractivo de las regiones, junto con el empleo;

- **Cooperación territorial europea:** basado en la iniciativa INTERREG, ofrece apoyo a la cooperación transfronteriza, transnacional e interregional, así como a las redes.

Los instrumentos financieros para la cohesión pasaron de ser seis a tres: dos Fondos Estructurales (FEDER Y FSE) y el Fondo de Cohesión. La ayuda específica de los anteriores FEOGA e IFOP se proporciona ahora mediante el nuevo Fondo Europeo Agrícola de Desarrollo Rural (FEADER) y el Fondo Europeo Marítimo y de Pesca (FEMP).

Asimismo, la Agrupación Europea para la Cooperación Territorial (AECT) permitirá que las autoridades regionales y locales de diversos países creen agrupaciones de cooperación en calidad de personas jurídicas para proyectos tales como transportes o servicios sanitarios transfronterizos.

Cabe destacar que el Instrumento de Preadhesión (IPA) reemplazó a los instrumentos previos de preadhesión en 2007, estando diseñado para ayudar a los Estados candidatos y a los potenciales países candidatos de los Balcanes occidentales a prepararse para su eventual adhesión, incluido el ámbito del desarrollo y de la cooperación regional.

Finalmente, cabe destacar que, el cuarto informe sobre Cohesión Económica y Social, así como el Foro de la Cohesión celebrado en septiembre de 2007, desencadenaron el debate sobre el futuro de la política de cohesión de la Unión después de 2013.

## 2.3.1.1. Principales resultados de las inversiones de la Unión

En el marco de la política de cohesión 2007-2013 se invirtieron 346.500 millones de euros. Esta evaluación proporciona una mayor transparencia y responsabilidad, constituyendo, al mismo tiempo, un informe del que extraer aprendizajes para mejorar la política de cohesión en los períodos de programación actual y futuro.

La política ha beneficiado a las economías de todos los Estado miembros, a los que ha ayudado, sin duda, en tiempos de dificultades económicas. Ha invertido en casi 400.000 PYMEs y empresas emergentes y ha sido un pilar del programa de crecimiento y empleo de la Unión.

Cabe destacar que los principales países beneficiarios fueron Polonia, España, Italia, República Checa, Alemania, Hungría, Portugal y Grecia.

A modo de ejemplos ilustrativos, la política ha contribuido a ayudar a 21.000 empresas emergentes en Suecia, apoyar alrededor de 3.900 proyectos de investigación en Hungría, crear más de 100.000 puestos de trabajo en Alemania y mejorar más de 630 km de carreteras, principalmente en la Red Transeuropea de Transporte, en Letonia.

Gracias a la evaluación realizada en este periodo, se han identificado ámbitos en los que política podría mejorar, por ejemplo, reforzando los objetivos y orientándose hacia los resultados.

El 11 % de la dotación (casi 29.000 millones de euros) del FEDER de 2007-2013 se destinaron al desarrollo urbano y a proyectos de infraestructura social. La evaluación afirma que podría haberse maximizado el impacto de las inversiones de la Unión Europea mediante el diseño de estrategias integradas de regeneración urbana y proyectos sociales, con una mayor participación de las partes interesadas locales y de los beneficiarios de los fondos[55].

# 2.4. Redes Transeuropeas

Las redes transeuropeas constituyen las infraestructuras básicas de la Unión, siendo sus objetivos fundamentales los siguientes: crear un Mercado Interior; reforzar la cohesión económica y social; conectar las regiones insulares, sin litoral y periféricas con las regiones centrales de la Unión Europea; y, acercar la Unión Europea a los países terceros.

---

55  COMISIÓN EUROPEA. «El funcionamiento de la política de cohesión: principales resultados de las inversiones de la UE en 2007-2013» https://ec.europa.eu/regional_policy/es/newsroom/news/2016/10/10-07-2016-cohesion-policy-at-work-key-outcomes-of-eu-investments-in-2007-2013#:~:text=En%20el%20marco%20de%20la%20pol%C3 %ADtica%20de%20cohesi%C3 %B3n,en%20los%20per%C3 %ADdos%20de%20programaci%C3 %B3n%20actual%20y%20futuro, [Recuperado el 12 de abril de 2023]

Todo lo anteriormente delimitado se traduce en facilitar el uso de las energías renovables y la seguridad del suministro, el transporte sostenible e intermodal, las telecomunicaciones de banda ancha a alta velocidad, etc...

Ahora bien, la verdadera motivación se encuentra en que, para un Mercado Interior, donde hay libertad de movimiento para las personas, los bienes, los servicios y las mercancías es necesario que las redes nacionales y las diversas regiones estén vinculadas mediante infraestructuras.

Asimismo, la construcción de estas redes afecta de manera positiva al crecimiento económico y a la creación de empleo, al tema medioambiental y al desarrollo sostenible.

## 2.4.1. Base jurídica

Cabe destacar que, las aludidas redes fueron mencionados por primera vez en el Tratado de Maastricht y todavía se mantiene su regulación en el Tratado de Funcionamiento de la Unión Europea, en el cual se citan los tres tipos de red: Redes Transeuropeas de transporte (RTE-T), Redes Transeuropeas de energía (TEN-E) y las Redes Transeuropeas de telecomunicaciones (eTEN).

Sin embargo, actualmente, la política de las redes transeuropeas se encuentra regulada en los artículos 170 a 172 del TFUE, exceptuando la mención exclusiva que recibe la energía en el artículo 194.1.d) del mismo Tratado.

En el Derecho derivado, tenemos que hacer mención del Reglamento (UE) n.º 1315/2013 del Parlamento Europeo y del Consejo, de 11 de diciembre de 2013, sobre las orientaciones de la Unión para el desarrollo de la Red Transeuropea de Transporte, y por el que se deroga la Decisión n.º 661/2010/UE[56].

## 2.4.2. La nueva política de infraestructuras, MCE

Con la entrada en vigor de la nueva política de infraestructuras de las Redes Transeuropeas en el año 2013, se creó el Mecanismo Conectar Europa[57] (MCE). El MCE pretendía lograr sinergias en los tres sectores principales de las RTN, procurando cumplir estos 4 grandes objetivos generales:

- Acelerar la inversión para agilizar el desarrollo, construcción o mejora de infraestructuras y servicios nuevos o existentes;

---

56 Reglamento (UE) n.º 1315/2013 del Parlamento Europeo y del Consejo, de 11 de diciembre de 2013, sobre las orientaciones de la Unión para el desarrollo de la Red Transeuropea de Transporte, y por el que se deroga la Decisión n.º 661/2010/UE, *DOUE L 348* de 20 de diciembre de 2013, p. 1/128

57 EUR-Lex. «Mecanismo Conectar Europa» https://eur-lex.europa.eu/legal-content/ES/TXT/HTML/?uri=LEGISSUM:3207_2, [Recuperado el 12 de abril de 2023]

- Promover la inversión privada, pública o público-privada, aumentando la seguridad jurídica y respetando el principio de neutralidad tecnológica;

- Apoyar aquellos proyectos con valor añadido europeo y ventajas sociales importantes, que no reciban financiación adecuada del mercado; y,

- Permitir a la Unión Europea lograr sus objetivos en materia de desarrollo sostenible.

Teniendo claros estos objetivos, trataremos, de manera particular, cada uno de los ámbitos de las RTN que, como ya destacamos anteriormente, son los siguientes: el transporte, la energía y las telecomunicaciones.

## 2.4.2.1. Transporte

La última revisión realizada de las orientaciones de la RTE-T, acordadas originalmente en el año 1996, tuvo lugar en el año 2013 con el Reglamento previamente mencionado en la base jurídica.

La nueva política de infraestructuras de transportes de la Unión Europea buscaba transformar el actual mosaico de carreteras, ferrocarriles, vías de navegación interior, aeropuertos, puestos interiores y marítimos y terminales ferroviarias/viales en una red integrada que abarca todos los Estado miembros. Para ello, las prioridades de esta red serían:

- Eliminar los cuellos de botella existentes, siendo tramos estrechos o con deficiencias que limitan el tráfico ferroviario;

- construir enlaces pendientes;

- mejorar la interoperabilidad entre los distintos modos de transporte y entre las infraestructuras de transporte nacionales y regionales;

- establecer un sistema de transportes más seguro, sostenible, con bajas emisiones de carbono y que desde el punto de vista energético sea eficiente; y,

- hacer accesible el transporte a todos los ciudadanos.

Hay que tener en cuenta que la falta de alguna de ellas supone un obstáculo para el buen funcionamiento del Mercado Interior y perturba el equilibrio entre el crecimiento económico, cuidando del medio ambiente y bienestar social.

La nueva política, por primea vez, establece una estructura de doble capa para las rutas de transportes de la Unión, formada por una red global y una red básica. La red global garantiza acceso y conexión a todas las regiones de la Unión Europea, mientras que la red básica está compuesta de aquellas partes más relevantes de la red global por ser más estratégicos en la consecución de los objetivos de la política de transporte de la Unión. La red básica establece enlaces entre nodos urbanos importantes u otros tipos, ya sean puertos, aeropuertos y pasos fronterizos. Ambos incluyen todas las modalidades de transporte y sus interconexiones.

Aunque nos estemos adelantando a la línea temporal, actualmente la política de transportes tiene previsto para finales del año 2050 dar por terminado los proyectos de la red global, mientras que los que forman parte de la red básica deberán concluirlo en 2030.

Para facilitar la ejecución coordinada de los proyectos de la red básica se han introducido nueve corredores multimodales principales que se encargan de agrupar a las partes interesadas de los sectores público y privados al objeto de que pongan en común sus recursos y los dediquen a su desarrollo. Cada corredor cuenta con el apoyo de un coordinador europeo.

Todos los proyectos están sujetos a revisiones periódicas, habiendo sido la última revisión exhaustiva en el año 2023, cuyo objeto no ha sido otro que proceder a evaluar la eficacia de la política de la RTE-T en ámbitos como los combustibles alternativos, la digitalización y el transporte multimodal.

Para asegurar la continuación del Mecanismo Conectar Europa más allá del 2020, se ha estado elaborando su Reglamento, el cual incluye los Corredores Atlántico y Mediterráneo, los cuales, obviamente, resultan prioritarios para España.

En enero de 2021, el Parlamento Europeo adoptó una Resolución acerca de la posible revisión de las directrices sobre la RTE-T, destacando el alcance que tienen los Fondos europeos y los préstamos del Banco Europeo de Inversiones. No obstante, han de tener en cuenta las nuevas necesidades para que las infraestructuras básicas sean sostenibles en 2030.

## 2.4.2.2. Energía

La Política Energética de la Unión Europea tiene como objetivo el desarrollo sostenible, que debe compatibilizarse con las siguientes aplicaciones en el ámbito de las redes transeuropeas:

- El recurso a energía renovable y mejores conexiones entre las instalaciones que la producen;

- La puesta en marcha de redes de energía en las regiones insulares y ultraperiféricas favoreciendo la diversificación de las fuentes de energía;

- La utilización de tecnologías más eficaces que limiten las pérdidas y riesgos para el medio ambiente asociados al transporte de energía;

- La interoperabilidad de las redes de la Unión Europea con las de los nuevos Estados miembros y los terceros países; y,

• El aumento de la seguridad del abastecimiento energético de la Unión.

El artículo 194.1.d) del TFUE supone una base jurídica sólida para la promoción de la interconexión de las redes energéticas.

### 2.4.2.3. Telecomunicaciones

En este sector, el Mecanismo Conectar Europa tiene por finalidad apoyar a los servicios genéricos, las plataformas de servicios centrales y las acciones de apoyo al programa que se financien a través de subvenciones o de contratos públicos; y, las acciones en el sector de las redes de banda ancha financiada a través de instrumentos financieros.

En el discurso sobre el Estado de la Unión[58], correspondiente al año 2021, la presidenta de la Comisión Europea, Úrsula Von der Leyen, se refirió a la nueva estrategia de conectividad conocida como Pasarela Mundial, que pretende unir mediante infraestructuras de calidad a todos los países del mundo, ya sea por medio de bienes, personas o servicios.

Ahora bien, se deberá caracterizar por su transparencia y buena gobernanza.

## 2.4.3. La financiación

Las RTE están cofinanciadas por la Unión Europea y por los Estados miembros. Pese a que estos últimos son los que más fondos aportan, dentro de las RTE hay ayudas proporcionadas por el Banco Europeo de Inversiones y el uso de los Fondos Estructurales. También hay contribuciones realizadas por el sector privado.

Su fundamento jurídico se encuentra en el Título XVI del TFUE, cuyo art. 171 concreta que, la Unión Europea puede apoyar de manera financiera determinados proyectos de interés común de acuerdo con las orientaciones formuladas.

Asimismo, en el contexto que nos ocupa, cabe mencionar el Reglamento (UE) n.º 1316/2013 del Parlamento Europeo y del Consejo, de 11 de diciembre de 2013[59], aunque, actualmente ya no esté vigente.

---

58  COMISIÓN EUROPEA. «Estado de la Unión 2021» https://state-of-the-union.ec.europa.eu/state-union-2021_es, [Recuperado el 12 de abril de 2023]

59  Reglamento (UE) n.º 1316/2013 del Parlamento Europeo y del Consejo, de 11 de diciembre de 2013, por el que se crea el Mecanismo «Conectar Europa», por el que se modifica el Reglamento (UE) n.º 913/2010 y por el que se derogan los Reglamentos (CE) n.º 680/2007 y (CE) n.º 67/2010, *DOUE L 348* de 20 de diciembre de 2013, p. 129/171

Para el período de 2021-2027, el presupuesto del Mecanismo Conectar Europa[60], prevé un total de 42.300 millones de euros para transporte, 8.650 millones para energía y 3.000 millones para redes digitales, con el objetivo de apoyar las infraestructuras en dichos sectores.

Ahora bien, con motivo de la crisis pandémica provocada por el COVID-19, se redujeron los presupuestos, al alcanzarse un acuerdo provisional en 2021, quedando los nuevos aportes de la siguiente manera: 25.810 millones para transportes; 5.840 para energía; y, 2.060 para el sector digital.

En el ámbito del transporte, cabe destacar que, el mecanismo contribuirá a la realización del RTE-T, el despliegue de sistemas europeos de gestión del tráfico y la transición hacia una movilidad inteligente y sostenible.

---

[60] Reglamento (UE) 2021/1153 del Parlamento Europeo y del Consejo de 7 de julio de 2021, por el que se establece el Mecanismo «Conectar Europa» y se derogan los Reglamentos (UE) n.º 1316/2013 y (UE) n.º 283/2014, *DOUE L 249* de 14 de junio de 2021, p. 38/8. En relación con este mismo tema, *vid.* MOLINA DEL POZO C.F.: *Derecho de los Transportes en la Unión Europea*, Edita Colex, A Coruña, 2023. ISBN: 978-84-135-823-9; MOLINA DEL POZO: *Derecho del Turismo en la Unión Europea*, Edita Tirant lo Blanch, Valencia, 2021. ISBN: 978-84-1397-038-7.

# 3.

---

# ESTRATEGIA EUROPEA
# 2020 (2014-2020)

En 2010 se presenta la idea, generada por la recesión económica de 2008, que dispone que las realidades política y económica no van de la mano, siendo la primera mucho más lenta que la segunda. Esto se debe a que no puede atender al dinamismo y volatilidad de la economía actual.

Pudiendo citarse como antecedentes la estrategia para el empleo de 1997 y Lisboa 2000, cuyos objetivos eran crear una economía europea con mayor conocimiento y competitividad, se demostró que fueron insuficientes en el año 2008 de cara a la crisis económica. De hecho, esa crisis sirvió para mostrar que, nuestra economía presentaba determinadas debilidades estructurales, basadas, principalmente, en tres grandes problemas: la tasa de crecimiento, el nivel de empleo y la población envejecida.

En cuanto a la tasa de crecimiento, se pone en comparación con el resto de los países y socios europeos a un mismo nivel o parecido, donde se aprecia un diferencial de productividad creado, esencialmente, por la deficiencia en inversión en I+D y el poco uso de las TIC.

El nivel de empleo europeo era inferior incluso en los años anteriores a la crisis, siendo éste el momento más álgido de la economía europea, respecto al resto del mundo. Esto, a la vez que acompañado de un envejecimiento de la población, se traduce en menor población activa debido al mayor número de jubilados y que se refleja, por ejemplo, en el caso español, en una mayor tensión en el sistema de pensiones.

Nace así la estrategia de crecimiento inteligente, sostenible e integrador, con el fin de levantar y recuperar la situación económica, basada en tres pilares de crecimiento más concretos que los fijados con anterioridad, que sientan bases no sólo con miras a 2020, sino flexibilizándose a los efectos de la globalización, los efímeros recursos y el envejecimiento en un mayor plazo de tiempo[61].

El seguimiento de este plan se fijó en dos líneas de actuación, por un lado, un enfoque más temático en referencia a los objetivos y prioridades, y por otro lado, la elaboración de informes nacionales con el fin de ayudar a las naciones europeas a desarrollar este crecimiento económico y a crear finanzas públicas sostenibles.

## 3.1. Crecimiento inteligente

A través del desarrollo de los conocimientos y de la innovación, se logra consolidar estos aspectos como impulsores del futuro europeo. En el conocimiento inteligente se engloban tres aspectos clave: la innovación, la educación, y el impulso de la sociedad digital.

Las propuestas se basan en la innovación, implementando una inversión del 3 % del Producto Interior Bruto de cada uno de los Estados miembros en I+D, cuando en ese momento, en el caso de España, por poner un solo ejemplo, no se alcanzaba el 2 %.

Respecto a la educación, se refuerzan las parcelas de conocimiento en las que Europa se encontraba en desventaja respecto de otros países asiáticos o de Estados Unidos, lo que reduce la tasa de abandono escolar a menos del diez por ciento, incentivando, a su vez, los estudios superiores para aumentar la tasa de graduados escolares en al menos un 40 %.

Por último, el impulso de una sociedad digital, de tal manera que las empresas europeas pudieran competir con la demanda mundial de las TIC y representar más del cuarto que simbolizaban tras la crisis del 2008.

## 3.2. Crecimiento sostenible

El crecimiento sostenible estaba basado en una economía más verde, más eficaz en la gestión de los recursos y más competitiva, punto en el que la Unión Europea se ha centrado en años recientes debido a la urgencia que requiere la escasez de éstos.

El objetivo energético de esta Europa 2020 se plantea entorno a prioridades incorporadas a este plan en un futuro de diez años vista, determinando la urgencia de estos siguientes aspectos concretos:

---

61   EUR-Lex. «Europa 2020: la estrategia de la Unión Europea para el crecimiento y la ocupación»   https://eur-lex.europa.eu/ES/legal-content/summary/europe-2020-the-european-union-strategy-for-growth-and-employment.html, [Recuperado el 27 de agosto de 2022].

1. Se busca un ahorro energético, especialmente en aquellos sectores con más margen para ello, es decir, infraestructuras y transporte.

2. La creación de un mercado interior europeo energético, para el cual se reduce el tiempo de actuación a 5 años, debiendo de estar bajo el mismo régimen para 2015 los 27 países de la Unión Europea.

3. Además, estos 27 países habrán de crear una sola voz, coordinando así en una única visión las relaciones y negociaciones exteriores con el resto del mundo.

4. Incentivar nuevos proyectos que aumenten la competitividad tecnológica y el desarrollo de las TIC de cara a una innovación energética.

5. Proveer una energía asequible y segura, siendo el consumidor activo quien exige la calidad de esta.

Esta priorización se traduce en los objetivos que marca el Consejo Europeo, consistentes en reducir en al menos un veinte por ciento las emisiones de $CO_2$ y gases de efecto invernadero a través del uso de energías renovables, sustituyendo el consumo y elevándolo en hasta un 20 % final, aumentando a la vez la eficacia energética en el mismo porcentaje.

## 3.3. Crecimiento integrador

El crecimiento integrador, finalmente, está orientado a reforzar el empleo, la cohesión social y territorial. Para ello, deberá unificar e igualar las regiones europeas, fomentando un nivel de empleo elevado, no sólo a nivel europeo, sino también nacional.

Así pues, se busca emplear al menos al 75 % de la población de entre 20 y 64 años, y reducir en 20 millones el número de personas en riesgo de exclusión social y que vivan por debajo del umbral de la pobreza.

## 3.4. Aplicación en el marco del Semestre Europeo de la Estrategia 2020

Siendo la manera más eficaz de alcanzar estos objetivos y retos europeos, se invita a los Estados miembros a adoptar las ideas de crecimiento como propias.

Con la publicación anual, en el mes de abril, de los programas estatales sobre las reformas internas, que establecen las medidas que han sido adoptadas para cumplir con los objetivos, se forma así también un control de las situaciones internas de cada miembro[62].

---

62   CANAL UNED. «Estrategia "Europa 2020: Hacia un crecimiento inteligente, sostenible e

# 4.

---

# OBJETIVOS E INSTRUMENTOS
# DE LA POLÍTICA REGIONAL

## 4.1. Objetivos

El fin último de la Política Regional es eliminar o, si no es posible, reducir las divergencias territoriales entre los Estados miembros, por lo que se puede afirmar que, sus dos grandes finalidades son el equilibrio territorial y la cohesión económica y social.

Para cumplirlos, en cada fase histórica de la Unión Europea, se han formulado diferentes metas y prioridades que han ido evolucionando a la vez que el concepto de cohesión y la estructura de los diferentes instrumentos financieros. No obstante, la Política Regional no se compone únicamente de objetivos, metas y prioridades.

Estos aspectos para lograr se articulan y cumplen a través de una serie de principios que informan todos los mecanismos de actuación y programas de la Política Regional, y que han ido variando a lo largo de la historia.

Actualmente, los principios informadores de la Política de Cohesión son los siguientes:

- Principio de concentración: supone la inversión de los recursos europeos en aquellas áreas menos desarrolladas, donde se presentan más desequilibrios económicos, sociales y territoriales. La aplicación de este principio viene matizada por la existencia de una serie de criterios que califican a las diferentes regiones como elegibles o no para recibir los recursos de diferentes Fondos.

---

integrador"» https://canal.uned.es/video/5a6f138cb1111fd7548b4fb, [Recuperado el 31 de agosto de 2022].

- Principio de programación: la Política Regional se desarrolla a través de planes plurianuales que contemplan una serie de objetivos y esbozan las medidas apropiadas para lograrlos. Por ejemplo, la Agenda 2000, que afectaba a la PAC y a la Política de Cohesión, aplicaba al periodo 2000-2006, mientras que la Estrategia de Lisboa aplicaba al periodo 2014-2020.

- Principio de cooperación: requiere de la coordinación de las autoridades europeas y nacionales en el ámbito regional. La administración de los Fondos y las distintas entidades locales y regionales deben coordinar sus medidas, esfuerzos y acciones para cumplir los objetivos de la Política Regional. Este sistema de intercambio de información y control es denominado gobernanza[63] y es una de las principales características de la Política de Cohesión.

- Principio de adicionalidad: implica la suma de los Fondos europeos destinados a la Política Regional y del presupuesto nacional destinado al mismo fin, sin que la existencia de recursos europeos para ello provoque una disminución de los esfuerzos nacionales en la materia.

Antes de la Estrategia Europa 2020, en el periodo 2000-2006 y según lo previsto en la Agenda 2000, los tres objetivos de la Política de Cohesión[64] eran: primero, la convergencia; segundo, la competitividad regional y empleo; y, tercero, la cooperación territorial europea, uno por cada vertiente de ésta:

- En la vertiente económica, se perseguía acelerar la convergencia de las economías de las regiones menos desarrolladas.

- En la vertiente social, se buscaba mejorar la competitividad y el empleo.

- En la vertiente territorial, por último, se pretendía mejorar la cooperación en tres niveles, transnacional, transfronterizo e interregional.

Con la crisis del 2007, se requirió mejorar la eficiencia de las políticas europeas sin aumentar su presupuesto, por lo que se procedió a simplificar los trámites burocráticos y los sistemas de implementación, así como asentar una gobernanza más firme, es decir, configurar políticas europeas inteligentes que pudiesen concentrar los recursos y destinarlos a objetivos definidos y específicos.

En consecuencia, la principal meta de la Política de Cohesión para el periodo 2014-2020 fue consolidarse como el enfoque de inversión principal para la Estrategia Europa 2020 y, los dos objetivos que persiguió la Política Regional

---

63    En inglés, *multi-level governance*, término que pone de manifiesto la interacción entre las instituciones de los distintos niveles de organización territorial que existen en Europa (comunitario, nacional, regional y local).

64    Reglamento 1083/2006 del Consejo.

fueron la cooperación territorial europea, incluyendo la transfronteriza, transnacional e interregional, de las que se hablará más adelante, y la inversión en crecimiento y empleo, objetivo tradicional de la Política Regional. Los dos objetivos debían cumplirse a través de las directrices contempladas en la Estrategia Lisboa (Europa 2020), de la que ya se ha hablado, caracterizada por la persecución de un crecimiento europeo inteligente, integrador y sostenible.

En este contexto, el 1 de diciembre del 2020, la Comisión se reúne informalmente en Alemania y publica la llamada *Territorial Agenda 2030: A future for all places*[65], en adelante Agenda 2030, la nueva estrategia territorial europea para el periodo 2021-2030. Este nuevo enfoque está centrado en la sostenibilidad, el cambio climático y la transición verde, y en la existencia de desequilibrios territoriales cada vez mayores que deben ser corregidos[66].

La Agenda 2030 contempla dos objetivos principales, una Europa Justa y una Europa Verde, y tres prioridades asociadas a cada objetivo.

Una Europa Justa que ofrezca perspectivas de futuro para todas las personas y lugares, centrada en la Carta Social Europea, la integración territorial y la concepción de Política de Cohesión que se ha venido formulando la última década, es decir, la cohesión económica, social y territorial.

Las prioridades derivadas de este objetivo son:

1. *Una Europa equilibrada, el empleo de la diversidad europea para mejorar el equilibrio territorial*. El entendimiento completo de la diversidad económica, social y territorial en Europa es la clave para perfeccionar la coordinación entre las diferentes instituciones involucradas en la Política Regional e implementar sus acciones en cada territorio tal que se optimice su desarrollo. No se pretende homogeneizar Europa, sino potenciar la diversidad de los territorios adaptando los programas de la Política Regional comunitaria a los retos específicos que enfrenta cada región y lograr un equilibrio basado en la mejora de las condiciones de vida, laborales y empresariales, la accesibilidad a servicios locales y regionales, redes de transporte eficientes, una mejor situación en las cadenas de valor internacionales y un aumento de la competitividad europea.

---

65    TERRITORIAL AGENDA. «A future for all places» https://territorialagenda.eu/#:~:text=The%20 Territorial%20Agenda%202030     %20provides,in%20cooperation%20with%20other%20 countries, [Recuperado el 01 de diciembre de 2022]

66    Inciso 42 de la Agenda 2030: «In Europe, growing inequalities between places and between people as well as unsustainable developments have reached a critical level. Increased concerted action at all geographical and governance levels is needed to ensure positive future perspectives for all people, communities and places in Europe. It is time to better understand and adequately address territorial impacts of sector policies. We seek to contribute to sustainable development and to keeping Europe together by delivering on the following territorial priorities for Europe».

2. *Regiones funcionales, la convergencia entre el desarrollo local y regional*. Los desequilibrios entre zonas urbanas y zonas rurales pueden ser corregidos mejorando las conexiones entre ambas, especialmente en el plano administrativo y de transporte. Una aplicación eficiente del principio de cooperación y una mejora de la gobernanza en el ámbito de la política regional es esencial para reducir la disparidad entre las distintas áreas regionales y locales.

3. *Integración más allá de las fronteras*. El objetivo que la Estrategia Europa 2020 denominaba Cooperación Territorial, se contempla como prioridad de este primer objetivo de la Agenda 2030. La Cooperación Territorial de la Estrategia Europa 2020 perseguía la creación de un marco de intercambio de experiencias para los agentes locales, regionales y nacionales de diversos Estados miembros, así como la colaboración en la búsqueda de soluciones comunes a problemas compartidos[67], como el ámbito transfronterizo, transnacional e interregional, y lo mismo puede decirse de esta prioridad.

Una Europa Verde que protege los medios de vida comunes y proporciona forma a la transición social centrada en la sostenibilidad, la protección de la biodiversidad, la era digital, la movilidad sostenible, la protección de los ecosistemas y la economía circular.

Para este segundo objetivo, la Agenda 2030 esboza otras tres prioridades, a saber:

1. *Un medio ambiente sano, mejores medios de vida ecológicos, pueblos, ciudades y regiones climáticamente neutrales y resilientes*. La protección de todo tipo de ecosistemas es esencial para el crecimiento sostenible en el largo plazo, lo cual fue uno de los objetivos de la Estrategia Lisboa (2014-2020). Para combatir el cambio climático y la pérdida de biodiversidad, se requiere, en primer lugar, concienciar a la sociedad sobre las consecuencias de ello y, en segundo lugar, llevar a cabo una serie de acciones encaminadas hacia la Transición Verde, medidas que permitan detener el deterioro del medio ambiente y mecanismos de prevención que puedan proteger a la sociedad del, cada vez mayor, riesgo de desastres naturales, a consecuencia del cambio climático.

2. *Una economía circular, economías locales fuertes y sostenibles en un mundo globalizado*. Para proteger el medio ambiente es indispensable administrar los suministros de agua y energía de forma eficiente, así como implementar sistemas de reciclado de materiales y promover el uso de productos no contaminantes o reutiliza-

---

67 COMISIÓN EUROPEA REGIO, «Política de Cohesión 2014-2020, Inversión en las regiones europeas», *Panorama Magazine*, 40, invierno 2011/2012.

bles sin perder de vista la competitividad de los mercados financieros y las posibilidades de cada región.

3. *Conexiones sostenibles, físicas y digitales.* En relación con las prioridades de una Europa Justa es necesario diseñar sistemas de transporte inteligentes, sostenibles y seguros, así como mecanismos que permitan la conexión entre las diferentes regiones. En la llamada Era Digital, cobran especial importancia la accesibilidad a internet y la calidad de los servicios virtuales ofrecidos.

Para la consecución de los objetivos y prioridades de la Agenda 2030 se debe fortalecer la gobernanza, es decir, reforzar y hacer más eficiente la aplicación del principio de coordinación; desarrollar planes de implementación específicos a cada región; coordinar las políticas sectoriales con los objetivos de la Política de Cohesión, así como supervisar su impacto y coherencia; y, finalmente, incrementar la contribución a la Política Regional de los Estados miembros y los Estados con los que la Unión Europea mantiene relaciones de vecindad.

## 4.2. Funcionamiento: la implementación de la Política Regional

Como una breve introducción al funcionamiento de la Política Regional y partiendo del concepto de gobernanza explicado anteriormente, es necesario mencionar sucintamente la implementación de la política en las regiones.

A propuesta de la Comisión, corresponde al Parlamento Europeo y al Consejo formular mediante procedimiento legislativo ordinario, también llamado de codecisión, el presupuesto de la Unión en el que se incluye el presupuesto de las diferentes Políticas sectoriales, así como el de la Política Regional.

El último presupuesto formulado para la Política Regional corresponde al periodo 2021-2027. De la misma forma, estas instituciones son las que determinan la dotación de los diferentes Fondos, las disposiciones comunes de los Fondos Estructurales y de Inversión Europeos, actualmente desarrolladas en el Reglamento (UE) n.º 1303/2013, y las disposiciones específicas de cada Fondo en particular.

Será la Comisión Europea la institución con el papel más relevante a la hora de la implementación de la Política, pues es ella quien formula los objetivos y prioridades de la Política Regional en cada territorio. Para la formulación de tales directrices se lleva a cabo una consulta a todos los Estados miembros, que deberán presentar una propuesta de acuerdo de asociación de conformidad con los artículos 14 y 15 del Reglamento (UE) n.º 1303/2013, debiendo incluir un análisis de las disparidades territoriales en el Estado, una estrategia de actuación que conjugue la política comunitaria y la nacional, un listado de los programas activos y una propuesta de programas operativos a implementar en sus regiones o en todo el territorio nacional.

Se podrán presentar a la Comisión propuestas de programas de cooperación que impliquen a dos o más Estados miembros. Vistas las propuestas de acuerdos de asociación y las consultas realizadas, la Comisión se dirigirá a los Estados para ofrecer un acuerdo de asociación definitivo en el que se incluya un listado de las prioridades de sus regiones y un conjunto de programas aprobados para realizar.

A partir de ese momento, corresponde a los Estados y no a ninguna institución europea implementar la Política Regional comunitaria en sintonía con su propia política nacional. Es aquí donde entra en juego el concepto de gobernanza, descrito en el artículo 5 del Reglamento (UE) n.º 1303/2013 como «una asociación con las autoridades locales y regionales competentes».

Mientras que, corresponde a la Comisión Europea el encargo de comprometer los fondos, diseñar los programas de las regiones y supervisarlos en última instancia, será tarea de las autoridades de cada Estado las que se encarguen de llevarlos a cabo. Ello requiere una estrecha colaboración entre las autoridades de los tres niveles, europeo, nacional y regional, que implique intercambio de información periódica y supervisión en cascada de las labores llevadas a cabo en los niveles inferiores y de las competencias delegadas, si es que las hubiera.

En este contexto, se distinguen tres autoridades nacionales distintas[68]:

1. Autoridad de gestión: se encarga de examinar el cumplimiento de las condiciones de las subvenciones y realiza controles periódicos para determinar el avance de los proyectos.

2. Autoridad de certificación: debe presentar periódicamente un informe a la Comisión en el que se detalle los gastos y solicitudes de pago. Además, es la encargada de verificar la exactitud de las transacciones y la corrección de los sistemas de contabilidad.

3. Autoridad de auditoría: realiza auditorías y comprueba la ejecución de los proyectos detectando las irregularidades e ineficiencias de los mismos y los comunica a las otras autoridades.

Son los Estados miembros los competentes para nombrar a estas tres autoridades, pero podrán delegar la competencia en favor de las Agrupaciones Europeas de Cooperación Territorial[69].

---

68  Ortega Gómez, M., *Las Políticas de la UE en el siglo XXI*, *op. cit.*, págs. 489-490.
69  Molina del Pozo, C.F.: *Derecho de la Unión Europea*, *op. cit.*, págs. 543.

# 4.3. Ámbitos temáticos

A través del Reglamento (UE) 1303/2013[70] por el que se fijan las disposiciones comunes a los Fondos Estructurales y de Inversión Europeos se configura también el enfoque estratégico de dichos Fondos. En concreto, el Título II de la Segunda Parte del Reglamento, aborda el Marco Estratégico Común, desarrollado en el Anexo I del Reglamento, y los objetivos temáticos de los Fondos. Éstos están ligados en origen a la Estrategia Europa 2020 por la que se persigue un crecimiento sostenible, integrador e inteligente, pero mantenidos con el cambio a la Agenda 2030.

En concreto, el artículo 9 del Reglamento, establece los once siguientes objetivos temáticos:

1. Fortalecimiento de la investigación, del desarrollo tecnológico y de la innovación.

2. Mejora del acceso, del uso y de la calidad de las tecnologías de la información y la comunicación.

3. Mejora de la competitividad de las PYMES.

4. Apoyo de la transición hacia una economía de bajas emisiones de carbono.

5. Fomento de la adaptación al cambio climático y gestión y prevención de riesgos.

6. Preservación y protección del medio ambiente y fomento de la eficiencia de los recursos.

7. Fomento del transporte sostenible y de calidad y mejora de las infraestructuras de redes.

8. Fomento del empleo sostenible y de calidad y apoyo a la movilidad laboral.

9. Promover la inclusión social y la lucha contra la pobreza y contra cualquier tipo de discriminación.

10. Inversión en educación, formación y aprendizaje permanente.

11. Mejora de la eficiencia de la Administración Pública.

---

70    Reglamento (UE) n.º 1303/2013 del Parlamento Europeo y del Consejo, de 17 de diciembre de 2013, por el que se establecen disposiciones comunes relativas al Fondo Europeo de Desarrollo Regional, al Fondo Social Europeo, al Fondo de Cohesión, al Fondo Europeo Agrícola de Desarrollo Rural y al Fondo Europeo Marítimo y de la Pesca, y por el que se establecen disposiciones generales relativas al Fondo Europeo de Desarrollo Regional, al Fondo Social Europeo, al Fondo de Cohesión y al Fondo Europeo Marítimo y de la Pesca, y se deroga el Reglamento (CE) n.º 1083/2006 del Consejo, *DOUE L 347* de 20.12.2013, p. 320/469

Estos once objetivos expuestos se traducen como prioridades específicas a cada Fondo y están previstas en sus normas de desarrollo, por lo que, independientemente de la Agenda, Estrategia o Plan que la Política de Cohesión siga para el periodo concreto, mientras el citado Reglamento siga vigente, son objetivos inherentes a los Fondos, ligados a ciertos ámbitos de actuación que les son propios y no a la Política Regional como tal.

Con respecto a ellos, se puede decir que, en general, la consecución de los objetivos del 1 al 4 es materia propia del FEDER; del número 4 al 7, así como el objetivo 11, entran dentro de las prioridades del Fondo de Cohesión; y, del 8 al 11 pertenecen al ámbito de actuación del FSE[71]. Los demás Fondos persiguen una o varias de estas prioridades temáticas conforme a lo dispuesto en sus reglamentos de desarrollo como se expondrá más adelante.

## 4.4. Transversalidad de la Política Regional

La transversalidad de la Política Regional se remonta en origen al FSE, especialmente luego de la Cumbre de París de 1972, tras la que gana una perspectiva regional para nada desdeñable, y queda patente tras la implantación del concepto de cohesión a través del Acta Única Europea (AUE) y la exigencia del artículo 130 B del TCEE de que la Comisión presente un Informe Trienal al respecto. Decimos esto, pues en el documento sobre el Primer Informe Trienal[72], elaborado por el la Comisión de Política Regional del Parlamento Europeo en 1997, en su apartado 5, se observa que la Comisión:

> «manifiesta su preocupación ante el análisis ofrecido por la Comisión que viene a demostrar la frecuente incoherencia y la insuficiente coordinación de numerosas políticas comunitarias con respecto al objetivo de reforzar la cohesión económica y social en la Unión y considera que deben realizarse esfuerzos para aprovechar plenamente la sinergia entre otras políticas comunitarias y la cohesión».

Esto tendrá como consecuencia la idea de que la cohesión económica y social es, especialmente desde la firma del TUE (Maastricht), eminentemente transversal. Es decir, las políticas sectoriales están conectadas a través de la Política Regional, que se manifiesta en todas ellas de una u otra forma, y todas ellas deben respetarla, fomentarla y perseguir su consecución.

En añadido, el Dictamen del CDR sobre el Segundo Informe Intermedio sobre la Cohesión Económica y Social[73], reafirma en su punto 1.6 que, la

---

71 ORTEGA GÓMEZ, M., *Las Políticas de la UE en el siglo XXI*, J.M Bosch editor, Barcelona, 2018, págs. 483-484.

72 COM (96)0542 final, Primer Informe Trienal sobre la Cohesión Económica y Social, Comisión Europea, 6 de noviembre de 1996; e Informe de la Comisión de Política Regional del Parlamento Europeo sobre el Primer Informe Trienal sobre Cohesión Económica y Social, 21 de octubre de 1997.

73 Dictamen del Comité de las Regiones sobre la «Comunicación de la Comisión — Primer

Política europea Regional debe tener un ámbito horizontal, al desarrollarse sosteniblemente, con la finalidad de que converjan todas las políticas sectoriales, con especial atención a la PAC, al transporte y la energía, a la competencia, al medio ambiente, la investigación y el desarrollo, la innovación y la educación y la formación.

Asimismo, el Dictamen del Comité de las Regiones (CDR), de mayo de 2017, sobre la propuesta de la Comisión para la Política de Cohesión posterior al 2020[74], recalcaba la necesidad de que otras políticas contribuyesen a la cohesión, dentro del marco de los Tratados. Para ello, era coherente la realización de un diálogo de cooperación entre autoridades responsables de la ejecución de las políticas para combinar los enfoques.

Más adelante expondremos la influencia y el impacto que tiene la Política Regional sobre las principales políticas sectoriales europeas, es decir, el alcance de esta característica, la transversalidad.

## 4.5. Instrumentos para la implementación de la política

La Política de Cohesión se vale de una serie de instrumentos para implementar, supervisar y controlar la consecución de sus metas. Estos instrumentos pueden dividirse en financieros y no financieros, y los primeros en estructurales o no estructurales; siendo los más relevantes los instrumentos financieros estructurales, llamados Fondos Estructurales o Fondos EIE (Estructurales y de Inversión Europeos).

La primera mención a los Fondos Estructurales se hace en el AUE de 1986, sin embargo, a lo largo de los años han sufrido multitud de reformas.

Actualmente, los Fondos están mayormente regulados en el Reglamento (UE) n.º 1303/2013, por el que se establecen disposiciones comunes relativas al Fondo Europeo de Desarrollo Regional, al Fondo Social Europeo, al Fondo de Cohesión, al Fondo Europeo Agrícola de Desarrollo Rural y al Fondo Europeo Marítimo y de la Pesca, y por el que se establecen disposiciones generales relativas al Fondo Europeo de Desarrollo Regional, al Fondo Social Europeo, al Fondo de Cohesión y al Fondo Europeo Marítimo y de la Pesca, y se deroga el Reglamento (CE) n.º 1083/2006 del Consejo.

En consecuencia, los Fondos que reciben la calificación de «Fondos Estructurales y de Inversión Europeos», conocidos como ya se ha aludido con

---

informe intermedio sobre la cohesión económica y social», 10 de octubre del 2002.

74  COTER-VI/015; «other EU policies must also make a contribution to achieving cohesion policy Treaty objectives set out in the Treaties. To this end, a dialogue of cooperation on how the planned approaches can be combined should be held between authorities responsible for implementing regional policy and the sectoral policies».

anterioridad, Fondos EIE, actualmente son cinco: FSE, FEDER, FEADER, FC y FEMP, en orden de creación. Procederemos a mencionarlos, brevemente, puesto que se examinarán con mayor detalle en próximos capítulos.

### - Fondo Europeo de Desarrollo Regional.

El FEDER es, desde su origen y pese a no ser el Fondo europeo más antiguo, el principal instrumento de la Política Regional europea.

Está regulado en el Reglamento (UE) n.° 1301/2013 y, según dicho Reglamento y los artículos 174 y 176 del TFUE, está entre sus deberes contribuir a reducir las diferencias de desarrollo entre las regiones, evitando mayores retrasos en las regiones menos favorecidas. Asimismo, debe prestarse especial atención a las regiones que tengan desventajas naturales o demográficas graves, siendo un ejemplo las regiones insulares, transfronterizas y de montaña, en base al Considerando 1 del Reglamento (UE) 1301/2013.

Es el Fondo con mayor dotación y su actuación abarca desde zonas urbanas, rurales y dependientes de la pesca hasta las regiones ultraperiféricas de la Unión.

Su intervención se centra en programas de inversión, la mejora de la competitividad y el empleo y la cooperación territorial.

### - Fondo Social Europeo

El FSE es el Fondo europeo más antiguo, creado en el Tratado de Roma de la CEE de 1957. Actualmente, está regulado en los artículos 162 a 164 del TFUE y en el Reglamento (UE) n.° 1304/2013.

Desde su origen, ha estado orientado a la creación de empleo, la formación de trabajadores, el aumento del nivel de vida por medio de la empleabilidad y a la movilidad geográfica, como se dispone en el artículo 162 TFUE.

Debido a la inexistencia de una política regional europea antes de 1972, el FSE tan solo estaba orientado a la mejora de las tasas europeas de empleabilidad. Sin embargo, a raíz del AUE, el Fondo cobra una dimensión regional relevante, contribuyendo a la reducción de las disparidades territoriales en el plano laboral.

La contribución del FSE a la Política de Cohesión como FEI queda establecida en el artículo 2 del citado Reglamento, que establece lo siguiente:

«el FSE promoverá unos niveles elevados de empleo y de calidad del empleo, mejorará el acceso al mercado laboral, fomentará la movilidad geográfica y profesional de los trabajadores y facilitará su adaptación al cambio industrial y a los cambios de los sistemas de producción necesarios para garantizar un desarrollo sostenible, propiciará un elevado nivel de educación y formación para todos y apoyará la transición de la educación al empleo entre los jóvenes, luchará contra la pobreza, auspiciará la inclusión social y fomentará la igualdad de género, la no discriminación y la igualdad de oportunidades, contribuyendo de esta forma a dar respuesta a las prioridades de la Unión en materia de mejora de la cohesión económica, social y territorial».

### - Fondo de Cohesión

El FC fue creado por el TUE (Maastricht), en 1993, por iniciativa del Gobierno español y otros países que exigían un nuevo mecanismo que pudiera reducir las desigualdades territoriales existentes en el momento.

Desde entonces, el ámbito de actuación del FC no ha variado, pues el artículo 177 del TFUE sigue previendo que, con sus recursos, se financien proyectos relacionados con las infraestructuras de transportes y el medio ambiente. En el mismo tenor, el artículo 2.1 del Reglamento (UE) 1300/2013 dispone que, el Fondo de Cohesión, garantizando un equilibrio adecuado, y con arreglo a las necesidades específicas de inversión y de infraestructuras de cada Estado miembro, concederá ayudas a los siguientes ámbitos:

a) las inversiones en medio ambiente, incluidos los temas relacionados con el desarrollo sostenible y la energía que presenten beneficios para el medio ambiente;

b) las RTE-T, de conformidad con las orientaciones adoptadas mediante la el Reglamento (UE) n.º 1315/2013;

c) la asistencia técnica.

Sobre estos últimos proyectos, existe una delimitación clara, prevista en el artículo 2.2 Reglamento (UE) n.º 1300/2013, entre los casos que quedan dentro del ámbito del FC y los que caen dentro del ámbito del Fondo de Transición Justa, que mencionaremos más adelante y que también opera en materia medioambiental.

El FC es uno de los Fondos EIE más importantes, siendo su principal objetivo reforzar la cohesión económica, social y territorial, en base al artículo 1 apartado 1 del Reglamento (UE) 1300/2013.

### - Fondo Europeo Agrícola de Desarrollo Rural

El FEADER, como ya ha sido mencionado, se crea en el año 2005 y sustituye al FEOGA, Fondo que había sido creado en 1962 y cuya Sección de Orientación había tenido una gran incidencia en la Política Regional desde 1986.

Se trata de un instrumento vinculado principalmente a la PAC, pero también a la Política Pesquera Común, debido a la transversalidad de la Política Regional. Está regulado en el Reglamento (UE) n.º 1305/2013[75], que en su

---

75  Reglamento (UE) n.º 1305/2013 del Parlamento Europeo y del Consejo, de 17 de diciembre de 2013, relativo a la ayuda al desarrollo rural a través del Fondo Europeo Agrícola de Desarrollo Rural (FEADER) y por el que se deroga el Reglamento (CE) n.º 1698/2005 del Consejo, *DOUE L 347 de 20.12.2013, p. 487/54.*

preámbulo contempla que a fin de garantizar el desarrollo sostenible de las zonas rurales, se requiere la concentración de las acciones en un número limitado de prioridades básicas, destacándose la transferencia de conocimientos y la innovación en la agricultura, la silvicultura y las zonas rurales, la viabilidad de las explotaciones la competitividad de todos los tipos de agricultura en todas las regiones, y promover las tecnologías agrícolas innovadoras y la gestión forestal sostenible, la organización de la cadena de distribución de alimentos con inclusión de la transformación y comercialización de productos agrícolas, del bienestar de los animales y la gestión de riesgos en agricultura, la rehabilitación, preservación y mejora de los ecosistemas relacionados con la agricultura y la silvicultura, la eficiencia de los recursos y la transición a una economía hipocarbónica en los sectores agrícola, alimentario y forestal, y el fomento de la inclusión social, la reducción de la pobreza y el desarrollo económico de las zonas rurales.

De hecho, en el artículo 4, se dispone que, al hacerlo, debe tenerse en cuenta la diversidad de situaciones que afectan a las zonas rurales con características diferentes o categorías distintas de beneficiarios potenciales y los objetivos transversales de innovación, medio ambiente, mitigación del cambio climático y adaptación al mismo.

Su misión es fomentar un desarrollo rural sostenible en toda la Unión como complemento de los demás instrumentos de la PAC, la política de cohesión y la política pesquera común en línea con la Estrategia Europa 2020[76] y, hasta que se apruebe un nuevo reglamento, en lo relativo a la Agenda 2030.

Tiene tres objetivos, según pone de manifiesto el citado artículo 4 del Reglamento (UE) 1305/2013:

1. fomentar la competitividad de la agricultura;

2. garantizar la gestión sostenible de los recursos naturales y la acción por el clima;

3. lograr un desarrollo territorial equilibrado de las economías y comunidades rurales incluyendo la creación y conservación del empleo.

El FEADER contribuye a la Política de Cohesión a través de Programas de Desarrollo Rural, previstos en el Título II del mencionado Reglamento.

### - Fondo Europeo Marítimo y de Pesca

El Fondo Europeo Marítimo y de Pesca, regulado en el Reglamento (UE) n.º 508/2014[77], es uno de los cinco Fondos Estructurales de la Unión, aunque está relacionado directamente con la PPC y no con la Política de Cohesión.

---

76   Artículo 3 Reglamento (UE) n.º 1305/2013.

77   Reglamento (UE) n.º 508/2014 del Parlamento Europeo y del Consejo, de 15 de mayo de 2014, relativo al Fondo Europeo Marítimo y de Pesca, y por el que se derogan los Reglamentos (CE) n.º 2328/2003, (CE) n.º 861/2006, (CE) n.º 1198/2006 y (CE) n.º 791/2007 del Consejo, y el Reglamento (UE) n.º 1255/2011 del Parlamento Europeo y del Consejo,

No obstante, el mismo preámbulo[78] del Reglamento vincula al Fondo con la Política Regional Europea y ello queda reflejado en su regulación.

El FEMP tiene, como uno de sus objetivos impulsar el desarrollo y la aplicación de la PMI de la Unión, de forma complementaria a la Política de Cohesión y a la PPC, por lo que puede decirse que, es una de sus prioridades la mejora del empleo y la cohesión territorial.

Ahora bien, presenta una finalidad especifica: fomentar el crecimiento económico, la inclusión social, la creación de empleo y el apoyo a la empleabilidad y la movilidad laboral en las comunidades costeras y de interior dependientes de la pesca y la acuicultura, incluyendo la diversificación de las actividades realizadas en el marco de la pesca y respecto de otros sectores de la economía marítima, en base a los artículos 5.d) y 6. 4) del citado Reglamento, respectivamente.

- Fondo de Transición Justa

Es un instrumento financiero no estructural que opera en el ámbito de la Política Regional, siendo su objetivo prestar apoyo a territorios en situación de vulnerabilidad socioeconómica grave por el proceso de transición hacia la neutralidad climática, mediante el reciclaje o la inclusión activa de sus trabajadores y demandantes de empleo[79].

Constituye uno de los tres pilares del Mecanismo de Transición Justa puesto en marcha por la Comisión y centrado en asistir a las regiones y sectores más perjudicadas por la transición hacia las energías renovables, ya sea por su dependencia a los combustibles fósiles, la utilización en sus procesos industriales de gases de efecto invernadero u otras circunstancias.

Su base jurídica se encuentra en el artículo 175 del TFUE y en la Propuesta de Reglamento del Parlamento Europeo y el Consejo por el que se establece el Fondo de Transición Justa (COM (2020)0022).

En base a este último documento, la función principal del FTJ es conceder subvenciones. Su principal objetivo es reducir las disparidades territoriales que surgen debido a la transición hacia una Europa Verde y es por ello por lo que se enmarca dentro del ámbito de la Política Regional.

---

*DOUE L 149* de 20.5.2014, p. 1/66

78  Preámbulo del Reglamento (UE) n.º 508/2006, apartado 6: «La inclusión de la PMI en el FEMP contribuye asimismo a los principales objetivos establecidos en la estrategia Europa 2020 y responde a los objetivos generales de incrementar la cohesión económica, social y territorial establecidos en el Tratado de la Unión Europea (TUE) y en el Tratado de Funcionamiento de la Unión Europea (TFUE)».

79  PARLAMENTO EUROPEO. «Ficha técnica del Fondo de Transición Justa» https://www.europarl.europa.eu/factsheets/es/sheet/214/fondo-de-transicion-justa, [Fecha de consulta: 22 de junio de 2022]. Asimismo, *vid.* MOLINA DEL POZO C.F.: *Instituciones, órganos y organismos de la Unión Europea*, Edita Tirant lo Blanch, Valencia, 2023. ISBN: 978-84-1113-283-1.

## - Banco Europeo de Inversiones

El Banco Europeo de Inversiones (BEI) no es uno de los Fondos EIE sino un instrumento financiero no estructural de la Unión Europea. Bajo su control queda el Fondo Europeo de Inversiones. Sus ejes de actuación son el clima y medio ambiente, desarrollo, innovación y capacidades, pequeñas empresas, infraestructura y cohesión.

Está regulado en el Protocolo (n.º 5) sobre los Estatutos del Banco Europeo de Inversiones y Protocolo (n.º 28) sobre la cohesión económica, social y territorial, además de algunos artículos del TFUE y el TUE.

# 5.

---

# ÁMBITOS Y COMPETENCIAS DE LA POLÍTICA REGIONAL

A la hora de hablar de la Política Regional, es esencial tener en cuenta dos aspectos: primero, quién está aplicando la política, pudiendo darse cambios según la institución, órgano y organismo; y segundo, si ésta se ve afectada por otras políticas de la Unión.

## 5.1. El papel de las instituciones, órganos y organismos europeos

### 5.1.1. El Parlamento Europeo

El Parlamento Europeo tienen un papel muy activo a la hora de apoyar el fortalecimiento de la cohesión económica, social y territorial de la Unión. Durante la legislatura 2014-2019, la Comisión de Desarrollo Regional (REGI) elaboró 16 informes legislativos en el marco del procedimiento de codecisión y 25 opiniones legislativas sobre expedientes gestionados otras comisiones del Parlamento. También presentó opiniones sobre temas relacionados con la Política Regional de la Unión Europea elaborando 29 informes no legislativos.

En noviembre de 2013, el Parlamento Europeo aprobó las principales normas y los criterios de asignación para poner en marcha la nueva Política de Cohesión 2014-2020. Tras más de un año de negociaciones con el Consejo, los eurodiputados lograron garantizar 325.000 millones de euros en fondos para las regiones europeas, lo que llevó a la flexibilización de los criterios para subordinar los Fondos a las políticas macroeconómicas de los países que no cumplieron los objetivos del déficit.

Asimismo, se ha reducido la burocracia, ya que el nuevo marco estratégico común proporcionará una única orientación para los cinco principales Fondos de desarrollo (FEDER, FSE, FEADER, FEMP y el Fondo de Cohesión), con el objetivo de integrar las políticas de la Unión y simplificar los procedimientos.

Según datos de la Comisión Europea: 1.858 millones estarían destinados a las regiones menos desarrolladas, siendo aquéllas con un PIB per cápita inferior al 75 % de la media de la Unión Europea, como Extremadura; 12.201 millones a las regiones en transición, siendo el PIB per cápita comprendido entre el 75 % y el 90 % de la media de la Unión, que corresponde en el caso español a Andalucía, Canarias, Castilla-La Mancha y Murcia; y, 10.084 millones a las regiones desarrolladas, que son aquéllas con el PIB per cápita superior al 90 %.

El Parlamento Europeo ha colaborado de manera estrecha con la Comisión Europea, presentando una serie de enmiendas a las propuestas de la Comisión en el ámbito de la Política Regional. Esto se debe a que todo lo relativo a la normativa de la Política de Cohesión y a los Fondos Estructurales se elaboran en el marco del procedimiento ordinario junto con el Consejo. Se pueden destacar las siguientes normativas:

- *Modificación del Reglamento (UE) n.º 1303/2013 en relación con medidas específicas para Grecia*. Como consecuencia de la crisis, el PIB de las regiones griegas cayeron, habiendo escasez de fondos públicos, poca liquidez y una crisis de refugiados sin precedentes. Todo esto provocó la paralización de muchos proyectos por no reunir los requisitos para recibir financiación.

Por esta razón, en el año 2016, el Parlamento Europeo y el Consejo acordaron aplicar al país medidas específicas de financiación adicionales para que pudiese beneficiarse de Fondos de Cohesión en el marco de programación 2007-2013 y permitir la puesta en marcha de proyectos para el periodo siguiente.

- El *Reglamento* ómnibus dio lugar a una revisión de las normas financieras generales, junto con los cambios pertinentes en las normas financieras sectoriales establecidas en quince actos legislativos que regulan programas plurianuales, incluida la mejora del uso de opciones de costes simplificados[80.] La propuesta establecía una serie de vías para aumentar la flexibilidad presupuestaria, por ejemplo, simplificando la movilización del Fondo de Solidaridad de la Unión Europea (FSUE)[81] mediante la transferencia autónoma

---

80  Los costes simplificados son una manera alternativa para calcular los costes subvencionables según un método predefinido basado en los productos, los resultados u otros costes. La ventaja que proporciona es que aligera considerablemente la carga administrativa.

81  La FSUE fue creado para intervenir en caso de catástrofes naturales graves y aportar la solidaridad europea a las regiones de Europa donde se produzca un siniestro. *Vid.* MOLINA

desde la reserva a la línea presupuestaria, lo que permitiría a la Unión Europea gestionar más rápido una crisis. No obstante, el Parlamento Europeo y el Consejo rechazaron esta propuesta, y el Parlamento decidió, en la primera lectura, que la movilización mediante proyectos de presupuesto rectificativo debía seguir siendo el *modus operandi* y que debía mantenerse la supervisión de la autoridad presupuestaria.

Además de estas disposiciones legislativas, el Parlamento Europeo presentó su posición respecto a cuestiones del ámbito de la Política Regional a través de resoluciones no legislativas que ayudaron a centrar la atención en áreas que creía importantes:

- El Parlamento estaba preocupado por la *no aplicación plena del art. 349 del TFUE*, por ello en su Resolución de 2017 sobre el fomento de la cohesión y el desarrollo en las Regiones Ultraperiféricas (RUP), instó a la Comisión a que propusiera un plan de acción para llevar a la práctica una estrategia coherente y efectiva para las RUP.

- Igualmente, ha participado activamente en las negociaciones para la reforma de la Política de Cohesión 2021-2027 desde que recibió las propuestas de la Comisión el 23 de mayo de 2018. Esta reforma define las prioridades y los instrumentos de las futuras acciones de la Unión encaminadas a reforzar la cohesión, económica, social y territorial que incluyen los siguientes Reglamentos:

  - Reglamento relativo a un mecanismo para superar los obstáculos jurídicos y administrativos en un contexto transfronterizo.

  - Reglamento sobre disposiciones específicas para el objetivo de cooperación territorial.

  - Reglamento relativo al Fondo Europeo de Desarrollo Regional y al Fondo de Cohesión.

  - Reglamento sobre disposiciones comunes, por el que se establecen normas comunes relativas a los siete Fondos de gestión compartida a nivel de la Unión Europea.

El Parlamento Europeo ha aprobado una posición relativa a las cuatro propuestas. En principio, éstas seguirán debatiéndose en el marco de las negociaciones tripartitas entre el Parlamento Europeo, la Comisión y el Consejo. El proceso se encuentra en un estadio inicial y su posterior avance dependerá de cómo decidan proceder el nuevo Parlamento y las otras instituciones.

DEL POZO C.F.: «La información, participación y revisión en la mejora de las políticas europeas», en *Revista CEF Legal: Revista Práctica de Derecho*. ISSN-e 2697-2239, ISSN 1699-129X, N.° 249, año 2021.

El Parlamento, generalmente, aprovecha su papel de colegislador, siendo ejemplos el logro de un límite mínimo del 30 % de los fondos del FEADER que se destinarán a inversiones en acciones relativas al medio ambiente y el clima, el desarrollo de las zonas forestales y la mejora de la viabilidad de los bosques, la agricultura ecológica y los pagos al amparo de Natura 2000.

Asimismo, insistió en la fijación del porcentaje de cofinanciación del FEADER en un 85 % en el caso de las regiones menos desarrolladas, las regiones ultraperiféricas y las islas menores del mar Egeo, habiendo propuesto, inicialmente, el Consejo inicialmente un 75 %.

Finalmente, gracias al Parlamento Europeo, el importe máximo por hectárea destinado a las ayudas a zonas con limitaciones naturales u otras limitaciones específicas se fijó en 450 EUR por hectárea frente a los 300 EUR previstos en la propuesta inicial de la Comisión (cantidad que también contaba con el apoyo del Consejo)[82].

## 5.1.2. El Consejo Europeo

En la sesión celebrada en Bruselas el 20 de junio de 2019, el Consejo Europeo acordó la agenda de la Unión Europea para los próximos cinco años. La denominada Agenda Estratégica 2019-2024[83] establece los ámbitos prioritarios que habrían de orientar el trabajo del Consejo Europeo y los programas de trabajo de otras instituciones.

La visión de esta institución consiste en que, la Unión aborde los desafíos interiores y exteriores de forma integrada, siendo imprescindible, para que la acción sea eficaz, una base económica interior fuerte. Por ello, insiste en la importancia de colaborar con los ciudadanos, la sociedad civil y los interlocutores sociales, así como con los agentes regionales y locales.

Son cuatro las principales prioridades que establece la mencionada Agenda Estratégica, a saber:

1. **Promover los intereses y valores europeos.** Las acciones clave que ha acordado el Consejo Europeo son: apoyar a las Naciones Unidas y a las principales organizaciones multilaterales; cooperar con los países socios en materia de migración; garantizar una política comercial rigurosa y ambiciosa, dentro de la OMC reformada y en las relaciones bilaterales entre la Unión Europea y sus socios; y, desarrollar una asociación global con África, entre otros.

---

82  VAN LIEROP, C. y MARGARAS, V. «Políticas de la Unión Europea – En beneficio de los ciudadanos», *Servicios de Estudios del Parlamento Europeo,* págs. 1-14.

83  CONSEJO EUROPEO. «Una nueva agenda estratégica» https://www.consilium.europa.eu/media/39964/a-new-strategic-agenda-2019-2024-es.pdf, [Fecha de consulta: 02 de junio de 2023]

2. **Construir una Europa climáticamente neutra, ecológica, justa y social**. Los cambios que genera la transición ecológica, la revolución digital y la mundialización demandan una Europa con mayor inclusión y sostenibilidad para poder hacerles frente.

La Unión puede y debe mostrar el camino para alcanzar la neutralidad climática transformando su economía y su sociedad. El Consejo Europeo lo observa desde un punto de vista optimista, ya que considera que es una oportunidad para modernizarnos, aunque sin abandonar la idea de que nuestras políticas tienen que ser coherentes con el Acuerdo de París.

El éxito dependerá de una movilización considerable de inversiones privadas y públicas, de la existencia de una economía circular real y de un mercado de la energía europeo integrado, interconectado y funcional capaz de proporcionar energía sostenible, asequible y segura.

El Consejo Europeo no se olvida de nuestras ciudades y zonas rurales que igualmente deben disfrutar de una buena calidad de aire, aguas y tener la garantía en cuanto a la seguridad alimentaria a través de la agricultura sostenible y la potenciación de la producción de calidad.

También señala la obligación que tiene la Unión de ofrecer oportunidades a todos, para ello será necesario prestar atención especial a las cuestiones sociales. El Pilar Europeo de Derechos Sociales debe implantarse a escala de la Unión y de los países miembros. Las desigualdades, que afectan a los jóvenes en particular, suponen un riesgo político, social y económico grave, dándose fracturas generacionales, territoriales y educativas, lo que lleva a nuevas formas de exclusión.

Una protección social adecuada, unos mercados laborales integradores y el fomento de la cohesión social ayudarán a Europa a preservar su modo de vida, como también lo harán un elevado nivel de protección del consumidor y de las normas alimentarias y un buen acceso a la atención sanitaria.

Debe entenderse que la inversión en cultura es parte constituyente del núcleo de nuestra identidad europea.

3. **Proteger a los ciudadanos y libertades**. El Consejo Europeo promulga una Europa donde los ciudadanos se sientan seguros, debiendo, por ello, defender los derechos y libertades fundamentales y protegerlos contra amenazas existentes y futuras. Algunas de las principales prioridades del Consejo Europeo son: la garantía del funcionamiento adecuado de Schengen; el acuerdo sobre política de asilo eficaz con el control de las fronteras exteriores de la Unión; y, el aumento de la resiliencia de la Unión frente a las catástrofes tanto naturales como de origen humano.

4. **Desarrollar una base económica sólida y dinámica**, es esencial para la competitividad, la prosperidad y la creación de empleo en Europa. Debido a que los retos tecnológicos y en materia de seguridad y la

sostenibilidad están configurando el paisaje mundial, el Consejo Europeo considera preciso renovar las bases para un crecimiento inclusive y sostenible a largo plazo y reforzar la cohesión en la Unión. Para ello, tiene que haber una convergencia de nuestras economías y la necesidad de abordar los retos demográficos.

Se reafirma en que el euro debe funcionar correctamente para los ciudadanos europeos, apostando por la unión económica y monetaria mediante la unión bancaria y la unión de los mercados de capitales y reforzando la presencia internacional del euro.

Prevé un enfoque más integrado que conecte con todas las políticas y dimensiones, tales como el mercado único y sus cuatro libertades, tener en cuenta la revolución digital y garantizar una fiscalidad justa y eficaz.

El Consejo Europeo considera que ha de incrementarse la inversión en la capacitación y la educación de las personas, ya que permitirá mejorar el espíritu empresarial y la innovación incidiendo en el ámbito de la investigación.

## 5.1.3. El Consejo

El Consejo es la institución que legisla a través de reglamentos y directivas junto con el Parlamento Europeo, en base al art. 294 del TFUE, por medio del procedimiento legislativo ordinario, o consultando previamente al Parlamento.

Algunos de los textos legislativos mencionados en el apartado anterior, dedicado al Parlamento Europeo, son aplicables al Consejo debido a que legislan conjuntamente.

Entre sus otras competencias, podemos encontrar la elaboración de decisiones y recomendaciones no vinculantes (art. 288 del TFUE) y la emisión de resoluciones.

Asimismo, el Consejo y el Parlamento establecen las normas generales que rigen el ejercicio de las competencias de ejecución atribuidas a la Comisión o reservadas para el propio Consejo (art. 291.3 TFUE). Otras de las competencias que tiene el Consejo son:

- Coordinación de las políticas de los Estados miembros.
- Desarrollo de la Política Exterior y de Seguridad Común (según las directrices del Consejo Europeo).
- Celebración de acuerdos internacionales.
- Nombramiento, por mayoría cualificada, de los miembros del Tribunal de Cuentas, del Comité Económico y Social Europeo y del Comité Europeo de las Regiones.

- Coordinación de las políticas económicas de los Estados miembros (art. 121 del TFUE) y sin perjuicio de las competencias del BCE, toma de decisiones políticas en el ámbito monetario[84].

## 5.1.4. La Comisión Europea

La actual presidenta de la Comisión ha fijado seis orientaciones políticas para la Comisión Europea, las cuales, puede afirmarse, han acabado convirtiéndose en los objetivos de ésta.

En primer lugar, el Pacto Verde Europeo tiene como finalidad hacer de la Unión el primer continente climáticamente neutro. Para ello, deberá afrontar los distintos retos que plantea el cambio climático y adaptar su economía al objeto de conseguir los fines perseguidos.

Algunas de las medidas que se deben tomar para llevar a cabo estas prioridades son: invertir en nuevas tecnologías y empresas respetuosas con el medio ambiente, desarrollar nuevos medios de transporte con bajas emisiones, descarbonizar el sector energético, buscar la eficiencia energética de los edificios, y la colaboración internacional.

En segundo lugar, se propugna poner la economía al servicio de las personas. Se centra en el apoyo a las PYMES, las cuales representan el grueso de la economía europea, y, por otra parte, fomentar la inversión, la cual es un pilar central en la creación de empleo.

En tercer lugar, se busca una Europa adaptada a la era digital. Debido al impacto que tiene en la vida de los ciudadanos y en las empresas, se busca que la digitalización se inserte en ellas de forma sencilla y fácil, y respetando el medio ambiente. Para ello, se han creado numerosas estrategias, en materia de inteligencia artificial y protección de datos para estimular el desarrollo de estas tecnologías a través de las empresas.

En cuarto lugar, encontramos la promoción de nuestro modo de vida europeo. Está basado en la protección del Estado de Derecho y los valores europeos, a través de dotar a la Fiscalía Europea de mayor autoridad y competencia para luchar contra el terrorismo transfronterizo, y reforzar las fronteras, para adaptarlas a la situación actual en materia de inmigración y asilo.

En quinto lugar, fomentar una Europa más fuerte en el mundo. Para ello, se busca crear un espacio europeo atractivo para las empresas, que a su vez garantice, al máximo, el cumplimiento de los derechos medioambientales, de los trabajadores y demás regulados por la Unión. Por tanto, se busca me-

---

84  PARLAMENTO EUROPEO. «Fichas temáticas: el Consejo» https://www.europarl.europa.eu/ftu/pdf/es/FTU_1.3.7.pdf, [Fecha de consulta: 05 de junio de 2023]. Asimismo, *vid.* MOLINA DEL POZO C.F.: *Instituciones, órganos y organismos de la Unión Europea*, Edita Tirant lo Blanch, Valencia, 2023. ISBN: 978-84-1113-283-1.

jorar la Política Exterior, la Política Europea de Vecindad, la Comercial y la de Seguridad y Defensa, entre otras.

Finalmente, se potencia al máximo la relevancia y el impulso a la democracia europea. El objetivo es conseguir una mayor implicación de los ciudadanos europeos de forma activa, mediante actividades que les permitan expresar sus opiniones a través de estas. Por otra parte, también se busca luchar contra la desinformación, y lograr la consolidación de la asociación de la Comisión con el Parlamento.

La Política de Cohesión de la Unión ayuda a los países, regiones, gobiernos locales y ciudades europeas a realizar grandes inversiones que contribuyan al Pacto Verde Europeo. Al menos el 30 % de lo que reciben del Fondo Europeo de Desarrollo Regional debe ir destinado a estas prioridades. Además, el 37 % del Fondo de Cohesión contribuirá específicamente a lograr la neutralidad climática para 2050.

La Comisión ha puesto en marcha el Plan de Inversiones del Pacto Verde Europeo, también denominado Plan de Inversiones para una Europa Sostenible[85], como parte del Pacto Verde. Esto incluye el Mecanismo para una Transición Justa, que se centra en asegurar una transición equitativa y justa hacia una economía verde. El Plan movilizará importantes inversiones durante el período 2021-2027 para ayudar a los ciudadanos de las regiones más afectadas por la transición.

## 5.1.5. El Comité de las Regiones

Las regiones fueron ignoradas por el Tratado de Roma, y pese a que el Acta Única las incluye en el ámbito de la cohesión económica y social, las

---

85 PARLAMENTO EUROPEO. «Plan de Inversiones para una Europa Sostenible» https://www. europarl.europa.eu/RegData/etudes/ATAG/2020/659314/EPRS_ATA(2020)659314_ES.pdf, [Fecha de consulta: 05 de junio de 2023]. Asimismo, vid. MOLINA DEL POZO C.F.: «La política de Cohesión de la Unión Europea como impulsora del Desarrollo de las Regiones», en *Revista de Derecho Urbanístico y Medio ambiente*, Año LIII, N.º 330-331, 2019. ISSN: 1139-4978; MOLINA DEL POZO C.F.: «Se terminó 2021 y empieza 2022: Crónica de un año complicado, aunque apasionante para la Unión Europea», en *Revista Derecho y Economía de la Integración*, N.º 9, enero de 2022, págs. 11-25; MOLINA DEL POZO C.F.: «La información, participación y revisión en la mejora de las políticas europeas», en *Revista CEF Legal: Revista Práctica de Derecho*. ISSN-e 2697-2239, ISSN 1699-129X, N.º 249, año 2021; MOLINA DEL POZO C.F. y SALDAÑA ORTEGA V.: «La ciudadanía europea y el nuevo impulso de la democracia participativa con motivo de la celebración de la Conferencia sobre el futuro de Europa 2021», en *Revista Unión Europea Aranzadi*, ISSN 1579-0452, N.º 12, 2021; MOLINA DEL POZO C.F.: «La deseada y potencial participación de las regiones europeas en la implementación del Pacto Verde de la Unión Europea», en *Anuario de la Facultad de Derecho de la UAH*, volumen XIV (2021); MOLINA DEL POZO C.F. y SALDAÑA ORTEGA V.: «La política de cohesión y la lucha contra el éxodo rural ante la nueva perspectiva federal de la Unión Europea», en *Revista ICE*, 2022.

asume como pilares de la construcción europea, debido a la condición económica desfavorecida de algunas de ellas.

Con la **reforma** de los **Fondos Estructurales,** que se produjo en 1988, y la creación del **principio de cooperación** se anuncia una clara evolución regionalista de la Unión articulándose, desde el punto de vista operativo, en unidades territoriales capaces de programar las intervenciones y la cooperación concreta y política de las regiones y entes locales, debido a su pleno conocimiento de los respectivos territorios y problemas a la capacidad organizativa y de ordenación para aplicar las correspondientes intervenciones.

No es hasta la ratificación del TUE cuando el papel de las regiones ocupa un lugar importante en el seno de la Unión. Este Tratado impulsó el avance regional para el logro de una participación activa en la tarea de la construcción de Europa, haciéndolo a través de varias vías:

- La consagración del **principio de subsidiariedad,** regulado en el art.1 y definido en el art. 5 del TUE.

- Posibilidad de que los representantes de las regiones en virtud del art. 16 del TUE ostenten la capacitación estatal en el Consejo cuando allí se traten asuntos de su competencia.

- Facilitar su participación en el desarrollo y ejecución de las correspondientes políticas en los actos de Derecho derivado basados en disposiciones específicas del Tratado.

- Creación de un órgano de representación regional, el **Comité de las Regiones**, que formaliza una relación directa entre la Unión, las regiones y los entes locales que han de pronunciarse, en su espíritu de colaboración, sobre un significativo número de asuntos. Ahora bien, debía hacerse desde una posición modesta, ya que, es un órgano con funciones meramente consultivas, aunque su importancia aumenta cada reforma de los Tratados.

Según establece el art. 13.4 del TUE, el Comité de las Regiones es un órgano independiente con carácter consultivo que asistirá al Parlamento Europeo, al Consejo y a la Comisión.

Tiene una naturaleza híbrida, puesto que no está integrado únicamente por representantes regionales, sino que también están los representantes locales, siguiéndose así el modelo del Consejo Consultivo de los Entes Regionales y Locales (1988).

Algunos consideran que esto es una solución provisional a espera que se instaure el nivel regional en aquellos Estados en que aún no exista, o una revisión del Tratado que establezca la exclusiva composición regional a la que aspiran.

La postura del Parlamento ha sido siempre por la vía de apoyar una intervención cada vez mayor de las regiones en el proceso decisorio y en el marco institucional de la Unión.

El art. 307 del TFUE establece su consulta de forma preceptiva, en los casos previstos por el Tratado, que vienen a ser las cuestiones vinculadas a la Política Regional, pero además en aquellos respecto de las cuáles, de alguna manera, se proyectan competencias o intereses relevantes para las regiones, por ejemplo, adopción de medidas en materias sociales (empleo, educación, transporte).

Este mismo artículo establece que el Comité será consultado en cualquier asunto que el Consejo, la Comisión o el Parlamento consideren oportunos y, por último, deja abierta la posibilidad de que el Comité emita un dictamen por propia iniciativa cuando así lo estime conveniente, sin establecer ningún límite material a la difusión oficial de sus opiniones.

El Tratado de Lisboa le reconoce legitimación activa ante el Tribunal de Justicia de la Unión Europea (TJUE) para la defensa de sus prerrogativas en el marco del proceso de nulidad, limitado, por vía de consecuencia, a los actos en que se requiera un informe del Comité.

También, el art. 8 del Protocolo n.° 2 al Tratado, le permite interponer recursos por incumplimientos del principio de subsidiariedad, pero siempre limitado a los actos legislativos objetos de su dictamen[86].

En consecuencia, se trata, por excelencia, del órgano principal de la Unión en materia de regiones, sirviendo como eje central de representación de sus intereses en el seno de la Unión e informativo, recogiendo datos para la ciudadanía y la Unión.

## 5.1.6. El Comité Económico y Social

Es un órgano consultivo, no decisorio, pero a diferencia del Comité de las Regiones tiene mucho más camino recorrido dentro del marco institucional de la Unión. El CESE aparece en el art. 13.4 del TUE como órgano de asistencia al Parlamento, al Consejo y a la Comisión, así como en los arts. 300 a 304 del TFUE.

Es un órgano formado por representantes de las distintas fuerzas que componen el marco económico y social de la actividad de un Estado miembro, como se expone en el art. 300 del TFUE, contando en el caso de España con 21 consejeros.

---

86   Parlamento Europeo. «Fichas temáticas: el Comité de las Regiones» https://www.europarl.europa.eu/ftu/pdf/es/FTU_1.3.14.pdf, [Fecha de consulta: 05 de junio de 2023]. Asimismo, vid. Molina Del Pozo C.F.: *Instituciones, órganos y organismos de la Unión Europea*, Edita Tirant lo Blanch, Valencia, 2023. ISBN: 978-84-1113-283-1, págs. 76 a 81; Molina Del Pozo C.F.: *Los municipios y las regiones en la Unión Europea*, Edita Juruá, Curitiba-Lisboa, 2023. ISBN 978-989-712-908-7; Molina Del Pozo C.F.: *El Tribunal de Justicia de la Unión Europea: procedimiento y recursos*. Thomson Reuters - Aranzadi, Pamplona, 2020; Molina Del Pozo C.F.: *Derecho de la Unión Europea*, 8.ª edición, Edita Reus, Madrid, 2024, *op. cit.* págs. 197 a 204.

La representación adecuada de los distintos sectores de la sociedad se plasma en una composición tripartita del Comité, el cual queda estructurado de la siguiente manera:

- Grupo I de empresarios, que está integrado, por ejemplo, por representantes de la industria u organizaciones agrícolas empresariales.

- Grupo II de trabajadores, conformado, por ejemplo, por los diferentes representantes sindicales de los distintos Estados miembros.

- Grupo III de actividades diversas, del que forman parte una amplia gama de representantes de la sociedad civil, y que, en consecuencia, está constituido por los representantes de distintos sectores de la actividad social y económica, como, por ejemplo, de los Colegios profesionales, de las asociaciones artesanales o culturales, etc.

El CESE recibe consultas del Parlamento Europeo, del Consejo y de la Comisión Europea sobre diversos asuntos.

El Comité dispone de 6 **secciones especializadas** que desarrollarán su actividad en el ámbito de sus competencias generales, pudiendo establecer, asimismo, subcomités encargados de elaborar proyectos sobre cuestiones o materias determinadas que serán sometidas a la deliberación del Comité:

1. Agricultura, Desarrollo Rural y Medio Ambiente.

2. Unión Económica y Monetaria y Cohesión Económica y Social.

3. Relaciones Exteriores.

4. Mercado Único, Producción y Consumo.

5. Transportes, Energía, Infraestructuras y Sociedad de la Información.

6. Empleo, Asuntos Sociales y Ciudadanía.

Por consiguiente, podemos decir que hay dos secciones que actúan en materia que afecta a las regiones, siendo claramente éstas, la primera y la segunda, al tratar el desarrollo de las zonas rurales dentro de la Unión Europea y la cohesión económica y social de todo el territorio europeo[87].

---

87 PARLAMENTO EUROPEO. «Fichas temáticas: el Comité Económico y Social» https://www.europarl.europa.eu/ftu/pdf/es/FTU_1.3.13.pdf, [Fecha de consulta: 05 de junio de 2023]. Asimismo, *vid.* MOLINA DEL POZO C.F.: *Instituciones, órganos y organismos de la Unión Europea*, Edita Tirant lo Blanch, Valencia, 2023. ISBN: 978-84-1113-283-1, págs. 71 a 76; MOLINA DEL POZO C.F.: *Los municipios y las regiones en la Unión Europea*, Edita Juruá, Curitiba-Lisboa, 2023. ISBN 978-989-712-908-7; MOLINA DEL POZO C.F.: *Derecho de la Unión Europea*, 8.ª edición, Edita Reus, Madrid, 2024*, op. cit.* págs. 204 a 211.

## 5.1.7. El Banco Europeo de Inversiones (BEI)

Su base jurídica se encuentra en los artículos 308 y 309 del TFUE. Igualmente mencionamos el Protocolo n.º 5 sobre los Estatutos del BEI y el Protocolo n.º 28 sobre la cohesión económica, social y territorial anexo al TUE y al TFUE.

El Banco Europeo de Inversiones contribuye a la consecución de los objetivos de la Unión a través de la financiación de proyectos, la concesión de garantías y la prestación de asesoramiento.

Los Estados miembros son accionista de la Unión y el BEI es el accionista mayoritario del Fondo de Inversiones. Esa institución financiera apoya proyectos dentro y fuera de la Unión Europea, como se dispone en el artículo 209 del TFUE. Asimismo, tiene por objeto contribuir al desarrollo equilibrado del mercado interior en interés de la Unión.

Facilita la financiación de proyectos, independientemente del sector económico, que sean de interés común a varios Estados miembros, que procuren la modernización o reconversión de empresas o a la creación de actividades nuevas que no pueden ser financiadas totalmente por los Estados miembros y busquen el desarrollo de las regiones menos favorecidas.

El BEI trabaja en la promoción de la cohesión económica, social y territorial de la Unión Europea (Protocolo n.º 28 y art. 17 del TFUE). Su ámbito de actuación se extiende a temáticas tales como, por ejemplo, el clima y el medio ambiente, el desarrollo, la innovación y las capacidades, a las pequeñas y medianas empresas, infraestructuras y cohesión, etc.

El Banco Europeo de Inversiones concede créditos a través de instrumentos tradicionales como los préstamos directos o intermedios y de las garantías, cuenta con otros más innovadores pero que suponen un riesgo mayor.

La financiación concedida puede estar acompañada del presupuesto de la Unión Europea o con subvenciones concedidas por organismos públicos o instituciones filantrópicas en el proceso de combinación.

Los principales recursos que ostenta para la consecución de sus objetivos son:

1. Obtención de sus recursos de los mercados de capitales mediante la emisión de obligaciones.

2. Los recursos propios aportados por los Estados miembros, el importe del capital que debe contribuir cada Estado está recogido en el artículo 4 de los Estatutos del BEI, que se calcula según su peso económico. Desde el Brexit los países miembros han tenido que aumentar proporcionalmente sus cuotas de capital suscrito[88].

---

88   Parlamento Europeo. «Fichas temáticas: el Banco Europeo de Inversiones» https://www.europarl.europa.eu/ftu/pdf/es/FTU_1.3.15.pdf, [Fecha de consulta: 05 de junio de 2023].

## 5.1.8. El Banco Central Europeo

El Banco Central Europeo (BCE) es el banco principal y central de los 19 Estados miembros que han adoptado el euro como moneda única. Los artículos 15, 126, 175, 209 del TFUE contienen disposiciones relativas al Banco Central Europeo.

El BCE y los Bancos Centrales nacionales conforman el Eurosistema, y todos ellos tienen como objetivo principal la estabilidad de los precios de la zona euro, es decir, controlar la inflación. El BCE es el encargado de crear y aplicar la política económica y monetaria.

El BCE goza de un estatus especial al presentar plena independencia. Por otra parte, el Sistema Europeo de Bancos Centrales está dirigido por el BCE.

En cuanto a sus competencias y obligaciones:

- El BCE garantiza la transparencia de sus trabajos.

- El Consejo, a propuesta de la Comisión y previa consulta al BCE, podrá adoptar, respecto de movimientos de capitales con destino a terceros países o procedentes de ellos, medidas para salvaguardarlos cuando puedan dificultar el funcionamiento normal de la Unión Económico y Monetaria.

- Ni el BCE ni los Bancos Centrales pueden autorizar concesiones de créditos en favor de instituciones u órganos de la Unión, Gobiernos Centrales…

- El BCE debe ser consultado sobre cualquier propuesta de la Unión o proyecto de un Estado miembro que afecte a su competencia.

- El BCE podrá presentar dictámenes a las instituciones u organismos de la Unión o a las autoridades nacionales de los Estados miembros.

- El BCE tendrá derecho exclusivo de autorizar la emisión de billetes y moneda metálica en euros en la Unión.

En el ámbito internacional, mantiene relaciones institucionales con otros bancos centrales internacionales.

El BCE se rige por los principios de independencia, transparencia y rendición de cuentas. Cuenta con su propio presupuesto y su capital es desembolsado por los Bancos Centrales nacionales, por lo que mantiene su independencia con el resto de las instituciones europeas[89].

---

Asimismo, *vid.* MOLINA DEL POZO C.F.: *Instituciones, órganos y organismos de la Unión Europea*, Edita Tirant lo Blanch, Valencia, 2023. ISBN: 978-84-1113-283-1, págs. 83 a 89; MOLINA DEL POZO C.F.: *Derecho de la Unión Europea*, 8.ª edición, Edita Reus, Madrid, 2024, *op. cit.* págs. 186 a 190.

89    PARLAMENTO EUROPEO. «Fichas temáticas: el Banco Central Europeo» https://www.europarl.europa.eu/ftu/pdf/es/FTU_1.3.11.pdf, [Fecha de consulta: 05 de junio de 2023]: Asimismo, *vid.* MOLINA DEL POZO C.F.: *Instituciones, órganos y organismos de la Unión Eu-*

En consecuencia, no presenta puntos de conexión con las regiones europeas.

## 5.1.9. El Tribunal de Cuentas

El Tribunal de Cuentas (TC) es un organismo de control creado por el Tratado de Bruselas de 1975, que establecía un régimen de financiación mediante recursos propios. Gracias a este Tratado, el Parlamento incrementa su poder en materia presupuestaria, pasando a constituirse en autoridad presupuestaria junto con el Consejo.

Por lo tanto, el TC se encarga de fiscalizar las finanzas de la Unión Europea, actuando como auditor externo, lo que hace que contribuya a mejorar la gestión financiera de ésta y actúa como guardián independiente de los intereses financieros de sus ciudadanos.

Sus competencias vienen recogidas en el art. 287 del TFUE y son de dos clases:

- **Competencia de Control**: es la función principal del Tribunal y se realiza sobre las cuentas de la totalidad de ingresos y gastos de la Unión. Este control se extiende a las cuentas que están fuera del Presupuesto de la Unión, es decir, a la utilización por organismos exteriores de subvenciones comunitarias.

  El Tribunal ejerce un control externo, ya que su objetivo es verificar las cuentas. Por su parte, las instituciones y organismos siguen siendo responsables del control interno. Para ello, los criterios que han de seguir para realizar el examen son los siguientes: los de legalidad, regularidad y buena gestión financiera.

  Se trata de un control a posteriori, aunque no se excluye un control antes del cierre de las cuentas de dicho ejercicio presupuestario.

  El resultado de sus actividades de control queda reflejado en el Informe Anual, el cual se transmite a las instituciones de la Unión y se publica en el Diario Oficial de la Unión Europea.

- **Competencias consultivas**: El Tribunal puede presentar observaciones sobre cuestiones concretas en forma de Informes especiales que se publicarán en el Diario Oficial. Es obligatorio que se le consulte antes de la aprobación de la reglamentación financiera y sobre recursos propios. También tiene la posibilidad de emitir dictámenes a instancia de una de las demás instituciones de la Unión.

  El Tribunal también se encarga de encontrar lagunas, irregularidades y fraudes e identifica las ambigüedades e insuficiencias de las disposiciones aplicables en materia de control que puedan facilitarlos.

*ropea*, Edita Tirant lo Blanch, Valencia, 2023. ISBN: 978-84-1113-283-1, págs. 60 a 65; MOLINA DEL POZO C.F.: *Derecho de la Unión Europea*, 8.ª edición, Edita Reus, Madrid, 2024, *op. cit.* págs. 190 a 194.

Para finalizar, hay que mencionar que, el TC podrá crear Salas para adoptar determinadas categorías de informes o dictámenes en las condiciones previstas en su Reglamento interno[90].

## 5.2. La transversalidad de la Política Regional y los indicadores de afección en otras políticas

Como se ha mencionado anteriormente, la Política Regional de la Unión Europea se caracteriza por su multidimensionalidad e integralidad, motivadas por la consecución de su objetivo último: la cohesión económica, social y territorial. Es decir, la Política de Cohesión no es una política sectorial dedicada a un ámbito exclusivo como puede ser la PAC o la PPC, sino que es una política horizontal, que abarcaba de una u otra forma todas las políticas sectoriales europeas.

Es por ello que la Política Regional se estructura en torno a tres ejes, que se pueden resumir en[91]:

1. *Dimensión regional de las políticas comunitarias de la Unión*. Todas las políticas comunitarias de la Unión, es decir, aquellos ámbitos donde la Unión tiene competencia exclusiva (artículo 2.2 y 3 del TFUE), incluyen entre sus criterios y políticas de actuación consideraciones en relación con el desarrollo regional. Cobran especial importancia, por un lado, las Operaciones Integradas, que aseguran que la perspectiva regional sea tomada en cuenta a la hora de elaborar otras políticas, y por otro, el Impacto Regional, es decir, el estudio de los potenciales efectos que tendrá a nivel regional una política o el análisis a posteriori de los efectos que ya ha tenido sobre las regiones.

2. *Instrumentos financieros que potencian la cohesión económica y social*. No solo los Fondos regionales contribuyen a la consecución de ese objetivo último. Otros instrumentos financieros son coordinados con los Fondos regionales para evitar que se produzcan desequilibrios y desigualdades debidos a la falta de disponibilidad de capital. Los dos instrumentos más importantes son el BCI (Banco Europeo de Inversiones) y el NIC (Nuevo instrumento comunitario).

3. *Coordinación de las políticas regionales y nacionales*. En tanto que la Unión es un todo que ampara distintas estructuras regionales con di-

---

90  Parlamento Europeo. «Fichas temáticas: el Tribunal de Cuentas» https://www.europarl. europa.eu/ftu/pdf/es/FTU_1.3.12.pdf, [Fecha de consulta: 05 de junio de 2023]. Asimismo, *vid.* Molina del Pozo C.F.: *Instituciones, órganos y organismos de la Unión Europea*, Edita Tirant lo Blanch, Valencia, 2023. ISBN: 978-84-1113-283-1, págs. 65 a 71; Molina del Pozo C.F.: *Derecho de la Unión Europea*, 8.ª edición, Edita Reus, Madrid, 2024, *op. cit.* págs. 181 a 186.

91  Gil Zafra M.A.: «La Política Regional de la Unión Europea: evolución normativa y metodología de actuación», *op. cit.*, págs. 179-180.

ferentes formas de Gobierno y prioridades políticas e industriales, es indispensable coordinar la Política Regional Europea con las políticas regionales de cada Estado de la Unión. La finalidad debe ser que las medidas de unas y otras no se contraríen o sean opuestas a la hora de lograr el objetivo perseguido.

La continuidad de las políticas potenciadas desde la Unión se logra a través de una serie de planes a medio y largo plazo, y el establecimiento de una serie de pautas. La coordinación vertical de las políticas regionales, tanto europeas como nacionales se basa en la evaluación y seguimiento de esos planes, un control especial de acumulación de ayudas y una especialidad regional en el tratamiento concreto.

Los efectos de esta característica particular pueden apreciarse, como expondremos, en todas las políticas sectoriales.

## 5.2.1. Desarrollo económico de las regiones: objetivo a lograr

Los principales objetivos de la Comisión Europea para el desarrollo y futuro económico de la unión son:

- Impulsar el crecimiento y las políticas de fomento del empleo en la zona del euro y la Unión;

- Promover la estabilidad macroeconómica y presupuestaria en estas zonas;

- Aumentar la eficacia del funcionamiento de la Unión Económica y Monetaria;

- Promover las inversiones en territorio europeo;

- Prevenir o corregir los desequilibrios macroeconómicos en la Unión Europea;

- Coordinar adecuadamente las políticas estructurales nacionales;

- Fomentar la prosperidad más allá de la Unión[92].

---

92  COMISIÓN EUROPEA. «Economía, finanzas y el euro» https://commission.europa.eu/topics/economy-finance-and-euro_es, [Fecha de consulta: 22 de agosto de 2022]. Asimismo, *vid.* MOLINA DEL POZO C.F.: *Los municipios y las regiones en la Unión Europea*, Edita Juruá, Curitiba-Lisboa, 2023. ISBN 978-989-712-908-7; MOLINA DEL POZO C.F.: «Una contribución al desarrollo de las Regiones Europeas: iniciativas de la Comunidad Europea en materia de turismo», en *Revista Situación*, n.° 3, año 1987; MOLINA DEL POZO C.F.: «La Política Regional de la Comunidad Europea: Nueva Regulación de los Fondos Estructurales», en la *Revista ECSA-Argentina*, n.° 2, Edit. Jurídicas Cuyo, Mendoza (Argentina)-2000, págs. 69 a 136; MOLINA DEL POZO C.F.: «La política de Cohesión de la Unión Europea como impulsora del Desarrollo de las Regiones», en *Revista de Derecho Urbanístico y Medio ambiente*, Año LIII, N.° 330-331, 2019. ISSN: 1139-4978; MOLINA DEL POZO C.F. y SALDAÑA ORTEGA V.: «La política de cohesión y la lucha contra el éxo-

Periódicamente, la Unión Europea estudia cómo se hayan las distintas regiones europeas, además de lanzar una previsión en función de la situación económica y política del momento, teniendo esta perspectiva en otoño de 2022[93]:

## GDP

EU: 3.3% / Euro area: 3.2% (2022)

Next year GDP growth is forecast to subdue to 0.3% (both EU and euro area).

## Inflation

EU: 9.3% / Euro area: 8.5% (2022)

It is expected to decline in 2023, but to remain high at 7.0% (6.1% in the EA).

## Deficit

EU: -3.4% / Euro area: -3.5% (2022)

In 2023, we expect the deficit to increase to 3.6% (3.7% in the euro area).

**Tabla perspectiva de 2022[94]**

Actualmente, la planificación y desarrollo económico europeo han sido alterados tras el conflicto entre Rusia y Ucrania, generando una nube de inflación e inestabilidad por el desconocimiento, que se ha traducido en un encarecimiento y un menor PIB en las diferentes regiones europeas.

Sin embargo, se esperaba que esto cambiase a partir de la primavera de 2023, procurando la estabilización, aunque al continuar la incertidumbre, especialmente con la situación energética, se prevé que la economía siga sometida.

---

do rural ante la nueva perspectiva federal de la Unión Europea», en *Revista ICE*, 2022; MOLINA DEL POZO C.F.: «Una contribución al desarrollo de las regiones: iniciativas de la Comunidad Europea en materia de Turismo». En el libro *Homenaje al Prof. Villar Palasí*, Edita Civitas, Madrid, 1989, págs. 787 a 798; MOLINA DEL POZO C.F.: «Organización, programación y control de los Fondos estructurales en el marco de la nueva política regional europea». En el libro: *Las Regiones españolas en Europa*. Edita Universidad de Sevilla y AECR, Sevilla-1999, pág. 201 y sigs. ISBN 84-95217-06-6; MOLINA DEL POZO C.F.: «La regulación de la cohesión en el contexto de la Unión Europea», en el libro *La cohesión en Europa. Los valores de la Unión*, que recoge las Ponencias de las Jornadas Jóvenes-Europa, organizadas por la Comunidad de Murcia el 29 de marzo de 2006, Edita Región de Murcia, año 2007, págs. 93 a 99 y 101 a 119.

93  COMISIÓN EUROPEA. «Economy and Finance» https://economy-finance.ec.europa.eu/econo-mic-forecast-and-surveys/economic-forecasts/autumn-2022-economic-forecast-eu-eco-nomy-turning-point_en, [Fecha de recuperación: 23 de noviembre de 2022].

94  *Cfr.: ibidem.* Tabla recuperada en noviembre de 2022 de la Comisión Europea.

El nuevo plan de cohesión de la Unión Europea que comprende el sexenio 2021-2027, pretende conseguir que se estabilice el desarrollo de las distintas regiones europeas para desdibujar las diferencias entre ellas, priorizando políticas de medio ambiente y transición digital[95].

Se observan tendencias de las conclusiones del sexenio anterior que pueden orientar cuál es la idea general europea y cómo puede ser el futuro económico de las diferentes regiones.

Si bien es cierto que, en varios Estados, sólo las capitales se posicionan en la media europea, se busca y espera el avance del resto del territorio, como es el caso de Hungría o Estonia, existiendo también regiones que se estancan, como sucede en Grecia, que adopta ese modelo de desigualdad entre la capital y el resto de sus ciudades; Francia, que advierte un retroceso general de la nación; o España, que abre la brecha entre los países que se habían ido acercando a la media europea, para después estancarse, agravando las diferencias entre el norte y sur del país.

No obstante, tras la salida de Reino Unido de la Unión Europea, y tomando la opinión de dominancia de los tres países en las actuaciones comunitarias, Italia o España podrían verse favorecidas al adoptar elementos que favorezcan y las posicionen de manera más íntegra en la ecuación.

Por ejemplo, España, ante el problema económico que ha supuesto la inflación de los precios de la electricidad por el conflicto ruso-ucraniano, comienza negociaciones para abastecer el centro de Europa con gas procedente de Argelia, creando un gasoducto que atraviese los Pirineos por Francia. Esto hace que la Unión se desvincule del suministro ruso por el Este del continente, lo que terminaría estabilizando, de nuevo, los precios del gas, proveyendo al país indirectamente de una relevancia e inyección de fondos que podría ayudar a continuar con el desarrollo de la región.

También, en relación con esto último, España se ha situado como gran aliado en las relaciones exteriores europeas en Latinoamérica, prueba de ello es la cumbre que se celebró el 17 y 18 de julio de 2023 entre la Unión Europa y los países latinoamericanos y del Caribe (CELAC).

Así pues, es un gran ejemplo del objetivo europeo de desarrollo económico a dos niveles: interno, que favorezca los recursos y el mercado entre los países comunitarios y de la eurozona; y, externo, afianzando las relaciones con los vecinos de la Unión y aquellos países «aliados», creando una posición de poder de negociación, seguridad y relevancia en el entorno global.

---

95  EL ORDEN MUNDIAL. «El futuro económico de las regiones europeas» https://elordenmundial.com/mapas-y-graficos/el-futuro-economico-de-las-regiones-europeas/, [Fecha de consulta: 17 de agosto de 2022].

## 5.2.2. Política Agrícola Común

En un contexto de escasez alimentaria después de la Segunda Guerra Mundial nace la Política Agrícola Común (PAC) en el año 1962. Dicha política intervencionista y productivista, tenía como objetivo abastecer suficientemente a la sociedad europea comunitaria de alimentos a unos precios asequibles y que asegurasen un nivel de vida equitativo a la población agrícola, tal y como se preveía en el texto del Tratado CEE.

Las medidas para incentivar la producción, la política de precios y de mercados consiguieron acabar con la situación deficitaria en la producción de alimentos, y de tal manera se cumplimentaron los fines previstos que, podemos afirmar que, de sus logros, se derivó en otro problema por haber exceso de alimentos.

En la década de los 80 del pasado siglo tuvo lugar la gran reforma de la PAC, debido a que el gasto agrícola se había disparado por los excedentes producidos, ya que con objeto de dar salida a estos mencionados excedentes, las medidas de intervención adoptadas resultaban ser muy caras.

Estas ayudas a la PAC estuvieron ligadas tanto a la superficie como a las cabezas de ganado, con el fin de aumentar la renta del agricultor y el establecimiento de medidas para mejora de estructuras agrarias.

Unos años después, en base a los contenidos de la Agenda 2000, se impulsó una nueva reforma que otorgaba ayudas directas a la renta, aumento de la competitividad de la agricultura europea, la disminución de precios institucionales y el establecimiento del segundo pilar de la PAC: la Política de Desarrollo Rural.

Este pilar aparece ya financiado por el FEADER y por los fondos regionales o nacionales, presentando tres prioridades rurales establecidas por la Comisión Europea, a saber:

1. fomentar la competitividad de la agricultura;

2. garantizar la gestión sostenible de los recursos naturales y la acción por el clima;

3. lograr un desarrollo territorial equilibrado de las economías y comunidades rurales, y la creación y conservación del empleo.

La Estrategia de la Unión para el período 2007-2013, en materia desarrollo rural fue adoptada y puesta en ejecución mediante la Decisión del Consejo 2006/144/CE, de 20 de febrero de 2006, que se basaba en cuatro ejes prioritarios, de los que se pueden destacar los siguientes puntos a lograr:

– Mejora de la competitividad de los sectores agrario y silvícola: se perseguía reforzar y dinamizar esos sectores, mediante el fomento de la transferencia de conocimientos, la modernización, la innovación, la calidad en la cadena alimentaria, y la inversión en capital físico y humano. En este marco, se propone:

- » Reestructurar y modernizar el sector agrario;
- » Mejorar la integración en la cadena agroalimentaria,
- » Facilitar la innovación y el acceso a la I+D;
- » Impulsar la adopción y la difusión de las TIC, especialmente en las PYMES;
- » Estimular un espíritu empresarial dinámico que permita aprovechar las posibilidades que ofrecen las reformas;
- » Mejorar el comportamiento medioambiental de las explotaciones y agrícolas y silvícola.

- Mejora del medio ambiente y del entorno natural, mediante:

- » El fomento de los servicios medioambientales y de las prácticas agropecuarias respetuosas con los animales,
- » La protección de los paisajes rurales y de los bosques;
- » La lucha contra el cambio climático;
- » El refuerzo de la aportación de la agricultura ecológica;
- » El fomento de iniciativas económico-ambientales como el suministro de productos medioambientales;
- » El fomento del equilibrio territorial a fin de mantener que éste sea perdurable entre las zonas urbanas y rurales.
- » El fomento del equilibrio territorial a fin de mantener un equilibrio perdurable entre las zonas urbanas y rurales.

- Mejora de la calidad de vida en las zonas rurales y fomento de la diversificación de la económica rural, mediante:

- » Incrementar la actividad económica y la tasa de empleo en la economía rural;
- » Fomentar la entrada de las mujeres en el mercado laboral;
- » Devolver el alma a los pueblos;
- » Promover la creación de microempresas y artesanía;
- » Enseñar a los jóvenes conocimientos necesarios para la diversificación de la economía local;
- » Impulsar la aceptación y la difusión de las tecnologías de información y comunicación;

» Impulsar el suministro de fuentes renovables de energía y formas innovadoras de utilización de éstas;

» Fomentar el desarrollo del turismo;

» Modernizar las infraestructuras locales.

– Desarrollar la capacidad local de creación de empleo y diversificación mediante:

» El desarrollo de la capacidad local de cooperación y animación y el fomento de la adquisición de cualificaciones, para ayudar a movilizar el potencial local;

» Alentar la cooperación entre el sector privado y el sector público;

» El fomento de la cooperación y de la innovación;

» La mejora de la gobernanza local.

La aplicación de la Política de Desarrollo Rural depende de la elaboración, por parte de los Estados miembros o de sus regiones, de los correspondientes programas de desarrollo rural.

Estos programas plurianuales aplican una estrategia personalizada en atención a las necesidades específicas de los países miembros o regiones. Los programas se apoyan en un conjunto de medidas, elegidas a partir de un «menú» de medidas europeas detalladas en el Reglamento (UE) n.º 1305/2013 y cofinanciadas por el FEADER.

Los porcentajes de cofinanciación varían en función de las regiones y las medidas de que se trate. En el período de programación, 2014-2020, se ha hecho hincapié en la coordinación entre el FEADER y los demás Fondos Estructurales y de Inversión Europeos (Fondos EIE), es decir, los siguientes Fondos: el Fondo de Cohesión, el FEDER, el FSE y el FEMP.

Por ejemplo, en el Reglamento sobre ayudas al desarrollo rural, se incluye también un enfoque al desarrollo local por las partes interesadas locales (el programa Leader).

Asimismo, el FEADER financia una red europea encargada de conectar las diferentes redes nacionales y las organizaciones y Administraciones nacionales que trabajan en el sector del desarrollo rural en la Unión, así como la red AEI, que pone en relación con los distintos agentes del mundo agrario a los investigadores, y ello con la finalidad de lograr favorecer el intercambio de conocimientos.

Prevé, expresamente, que los Estados miembros puedan elaborar subprogramas temáticos relacionados con los jóvenes agricultores, las pequeñas explotaciones agrícolas, las zonas de montaña, las cadenas de distribución cortas, las mujeres de las zonas rurales, la mitigación del cambio climático y la adaptación a este, la biodiversidad y la reestructuración de determinados sectores agrícolas.

Tras la revisión a medio plazo del marco plurianual del período 2014-2020, la Comisión adoptó en el año 2017 el Reglamento (UE) 2017/2393, que introducía mejoras en la actuación de las organizaciones de productores, en los seguros agrarios, en la estabilización de ingresos, en la adopción de normas sobre pagos de ecologización y ayudas a los jóvenes agricultores.

Como consecuencia de cambios coyunturales tales como el Brexit y la crisis sanitaria producida por el COVID-19, se ha considerado necesaria la puesta en marcha de una nueva reforma. Ahora bien, el Marco Financiero Plurianual para el periodo 2021-2027 no podrá hacerse cargo de paliar todos estos retos presentados en el sector agrícola, ya que la PAC ha sufrido una fuerte reducción, nada menos que del 15 % de su presupuesto.

Por tanto, la esperanza de la Política Agrícola Común reside en el plan de recuperación económica NextGeneration EU, que le destina 336.400 millones de euros, y en el Programa de Investigación e Innovación de la Unión Europea Horizonte Europa, con un presupuesto de 10.000 millones.

Las propuestas para la posterioridad de la PAC, en el primer pilar, se prevé la distribución de la ayuda directa, reduciéndose los pagos e imponiendo un límite máximo obligatorio para los importes superiores a 100.000 euros; la arquitectura verde tendrá mayor flexibilidad, dado que, a partir de ahora, las autoridades nacionales serán las encargadas de gestionarla; en el segundo pilar, el FEADER dejará de ser un Fondo Estructural y se concentrarán las intervenciones, con el objetivo de simplificar las actuaciones.

Por su parte, el Pacto Verde Europeo prevé un modelo de crecimiento sostenible y climáticamente neutro para 2050, ya que tendrá por consecuencia, una afectación sobre el sistema agroalimentario europeo, pudiendo destacarse, entre otras la «Estrategia de la granja a la mesa», que busca una mejora de la seguridad alimentaria, mediante la reducción de plaguicidas y fertilizantes.

En diciembre de 2020, se adoptó el Reglamento (UE) 2020/2220, que establecía medidas transitorias hasta el 31 de diciembre de 2022, otorgando una prórroga a los Estados miembros de dos años, en los cuales se aplicarían las normas anteriores, mientras se negociaba la posible reforma de la PAC. Asimismo, los Estados debían elaborar sus propios planes estratégicos y facilitar nuevas estructuras administrativas.

Finalmente, cabe señalar que, el 28 de junio de 2021, los ministros de Agricultura alcanzaron un acuerdo provisional con el Parlamento sobre la reforma de la PAC, en el que se disponen cuatro cambios esenciales: la obligación de los Estados miembros en respetar los derechos sociales y laborales de los trabajadores; impulsar prácticas más ecológicas; apoyar a los jóvenes agricultores, así como a los pequeños agricultores; y, finalmente, vincular las ayudas a los resultados y rendimientos.

## 5.2.3. Política Pesquera Común

La conexión entre la Política Pesquera Común y la Política de Cohesión queda recogida en el Reglamento (UE) n.° 1303/2006, sobre el FEMP, que, como ya se ha mencionado, establece como uno de los objetivos del Fondo, «impulsar el desarrollo y la aplicación de la PMI de la Unión de forma complementaria a la política de cohesión y a la PPC».

Asimismo, presenta como una de sus prioridades, el aumento del empleo y la cohesión territorial, mediante el objetivo específico de impulsar el crecimiento económico, la inclusión social, la creación de empleo y el apoyo a la empleabilidad y la movilidad laboral en las comunidades costeras y de interior dependientes de la pesca y la acuicultura. De esta forma, incluye también la diversificación de las actividades realizadas en el marco de la pesca y respecto de otros sectores de la economía marítima.

En concreto, el FEMP contribuye al desarrollo de las regiones pesqueras mediante el impulso de la acuicultura, ya que esta favorece el crecimiento y la creación de empleo en las regiones costeras y rurales[96], el fomento de la innovación y el avance tecnológico y la inversión en el sector pesquero; contribuye al desarrollo de las zonas de producción y las infraestructuras acuícolas; promueve una acuicultura sostenible desde el punto de vista del medio ambiente, social y económico[97] mediante la subvención de actividades acuícolas respetuosas con el medio ambiente, la gestión medioambiental adecuada y la acuicultura ecológica.

Es interesante atender al artículo 16 del Reglamento, por el que se especifica la distribución financiera en el marco de la gestión compartida, es decir, al Título V del Reglamento, que regula actividades desarrollo sostenible de la pesca, de la acuicultura, de las zonas pesqueras y acuícolas, la comercialización, la transformación y la compensación de costes. En base a su apartado 1, la asignación de recursos a los Estados se fijará teniendo en cuenta, entre otras cosas:

- El nivel de empleo, de modo que, aquellos Estados miembros con menor nivel puedan optar a subvenciones mayores.

- El nivel de producción, de manera que, los Estados miembros con un nivel menor puedan impulsar su economía.

---

96  Preámbulo del Reglamento (UE) n.° 508/2006, apartado 49. Asimismo, *vid.* MOLINA DEL POZO C.F.: *Instituciones, órganos y organismos de la Unión Europea*, Edita Tirant lo Blanch, Valencia, 2023; y, MOLINA DEL POZO C.F.: *Los municipios y las regiones en la Unión Europea*, Edita Juruá, Curitiba-Lisboa, 2023.

97  Preámbulo del Reglamento (UE) n.° 508/2006, apartado 52.

## 5.2.4. Política de Transportes

La Política de Transportes, que es una política común de la Unión, está recogida en el artículo 4 del TFUE, como una competencia compartida entre la Unión Europea y los Estados Miembros.

Esta competencia es fundamental para continuar profundizando la integración del Mercado Único Europeo, ya que, sin transportes e infraestructuras eficientes, no hay integración económica ni social posible. Esto se debe a que, sólo a través de una Europa bien conectada, se podrá conseguir la convergencia económica por medio del Mercado Único.

Para desarrollar el transporte entre regiones y Estados de la Unión Europea, el presupuesto comunitario recoge varios programas financieros de los cuáles pueden servirse los Estados y regiones para financiar una mejora de las infraestructuras y transportes. Con dicho objetivo, existen las siguientes herramientas:

- Mecanismo conectar Europa: instrumento que cuenta con una financiación de 33.700 millones de euros para el periodo 2021-2027. Su objetivo es conseguir un transporte inteligente, competitivo, seguro, accesible y asequible de aquí a 2050, con una reducción del 90 % de las emisiones.

- Fondo Europeo de Desarrollo Regional (FEDER): este instrumento financiero puede ser utilizado sobre todo por aquellas regiones menos desarrolladas, para mejorar su conectividad mediante inversiones en sus redes de infraestructuras y transportes.

- Fondo de Cohesión: destinado a aquellos Estados miembros cuya renta nacional bruta per cápita es inferior al 90 % de la renta media de la Unión Europea, utilizándose para desarrollar las redes transeuropeas de transporte. España ha recurrido a dicho Fondo para construir gran parte de las infraestructuras de las que hoy gozamos.

- Banco Europeo de Inversiones: aunque el Banco Europeo de Inversiones no ofrece subvenciones a los Estados y regiones, no se puede menospreciar su importante papel en el desarrollo de las infraestructuras y transportes dentro de la Unión, ya que permite la financiación de dichos programas con unos tipos de interés muy bajos.

La Política de Transporte es una de las políticas más importantes y primordiales de la Unión Europea, ya que la distancia geográfica constituye una de las trabas más importantes en los procesos de integración. Si los ciudadanos y empresas se sitúan lejos, en lo que a transportes se refiere, la integración puede no llegar a tener sentido, dado que la distancia entre empresas y ciudadanos de los distintos Estados pueden ser enormes, como ocurre por ejemplo en el Mercosur.

El papel de las regiones a la hora de desarrollar la Política de Transportes e infraestructuras es muy importante dentro de la Unión Europea, incluso en Estados centralistas o poco descentralizados como Francia.

En España, las Comunidades Autónomas han gestionado gran parte de los fondos anteriormente mencionados. Por ejemplo, en Madrid, la ampliación de la línea 8 de Metro al Aeropuerto fue construida, en parte, con subvenciones del Fondo de Cohesión, o la línea 10 de Metro de Valencia, construida por la Generalitat Valenciana y financiada con cargo al Fondo Europeo de Desarrollo Regional.

Las regiones constituyen un nivel institucional muy importante a la hora del desarrollo de las infraestructuras, ya que al ser una de las Administraciones más cercanas al ciudadano, conocen mejor de las necesidades de éste.

Asimismo, ha de reconocerse el papel de las Eurorregiones a la hora de desarrollar e implementar dichas políticas, dado que, aunque las fronteras interiores desaparecieron con la creación del Espacio Schengen, a la hora de hablar de infraestructuras estas han pervivido en gran parte. Son ejemplos claros de ellos la comunicación por ferrocarril tanto de pasajeros como de mercancías entre Aragón y Nueva Aquitania o entre Extremadura y Portugal.

El papel de las Eurorregiones, en dicha materia, es coordinar las acciones de las regiones fronterizas, para así eliminar las divisiones y barreras como consecuencia de la división territorial entre Estados, con ayuda de los Fondos europeos.

## 5.2.5. Política de Infraestructuras, Comunicaciones y Redes Transeuropeas

Muy relacionada con la Política de Transportes, se encuentra la Política de Infraestructuras, Comunicaciones y Redes Transeuropeas. En el desarrollo de esta Política, la Unión juega un papel fundamental y, en especial, los Fondos regionales.

Anteriormente se han mencionado los instrumentos a través de los cuáles la Unión Europea desarrolla la Política de Infraestructuras, pero, además, también lo hace en el ámbito de las Comunicaciones y Redes Transeuropeas.

Recogidas en el Título XVI del TFUE, las Redes Transeuropeas son un programa de la Unión Europea destinado a crear un verdadero Mercado Único, dado que, como se ha comentado anteriormente, sin una verdadera cohesión territorial internacional e interregional, el Mercado Único sería inoperante.

Hay tres tipos de redes transeuropeas:

1. Las Redes Transeuropeas de Transporte (RTE-T): constituyen un elemento central en la Política Europea de Transportes, que busca ace-

lerar la conexión entre las redes de carreteras de los Estados, la red ferroviaria y fluvial, así como el desarrollo de puertos y aeropuertos en los Estados.

Se prevén dos etapas en la planificación: la red principal y la red global, debiendo la primera de estar completada en 2030 y la segunda en 2050.

En esta Política se encuadra el desarrollo del ERTMS, proyecto que se encarga del control y seguridad del tráfico ferroviario, pero armonizado para toda la Unión Europea buscando la interoperabilidad entre los distintos Estados.

Así como el proyecto del «Cielo Único Europea» que busca la armonización y mejora de la eficiencia en la prestación de los servicios de navegación aérea en la Unión Europea según Enaire.

Estos proyectos están financiados por la Unión, dado que constituyen una prioridad a la hora de fomentar la cohesión.

En 2022, se decidió revisar la regulación relativa las Redes Transeuropeas de Transporte, la propuesta de regulación, prevé llevar a cabo la armonización del ancho de vía de las nuevas líneas ferroviarias. En consecuencia, a partir de ahora se propone que se utilice el ancho estándar europeo, de hecho, para facilitar la conectividad interregional, la Unión Europea ha concedido a España 28 millones de euros, para convertir el Corredor Mediterráneo, que actualmente utiliza el ancho ibérico, en el ancho estándar europeo.

Es destacable, que, debido a la guerra rusa contra Ucrania, la Unión Europea ha decidido incluir a los dos países candidatos, Ucrania y Moldavia, en las Redes Transeuropeas de Transporte.

2. Las Redes Transeuropeas de Energía (RTE-E): uno de los principales objetivos del proceso de integración europeo es la creación de un Mercado Único en el ámbito de la energía, pero para ello es necesario una vasta red de transporte de electricidad y gas.

Las redes transeuropeas de energía prevén la inversión en este tipo de redes a través de la colaboración público-privada, ya que muchos de los gestores de redes de energía son privados como Red Eléctrica de España.

Uno de los principales objetivos de esta Política es el desarrollo de interconexiones de manera que se pueda aprovechar todo el potencial de la energía renovable y barata en cada Estado miembro. Por ejemplo, la Unión está apoyando, de manera cuantiosa, la construcción de la nueva interconexión España-Francia por el golfo de Vizcaya, aportando el 30 % del coste de la infraestructura a través del mecanismo financiero «Conectar Europa».

La RTE-E tiene un gran impacto también en las regiones al potenciar las obras de infraestructuras y al ofrecerles energía más barata, para sus industrias y ciudadanos, fruto de la mayor capacidad de aprovechamiento de la energía barata que puede estar produciéndose en el resto de Estados miembros.

3. Las Redes Transeuropeas de Telecomunicaciones: el objetivo es el desarrollo de redes e infraestructuras de telecomunicación transeuropeas y es financiada mayoritariamente también por el mecanismo «Conectar Europa», aunque países como Alemania van a financiar, por ejemplo, el desarrollo de redes de internet en zonas rurales con cargo a los fondos Next Generation EU. El desarrollo de este tipo de infraestructuras es vital para las regiones, sobre todo rurales.

En España además de lo que se invierte a través del mecanismo «Conectar Europa», se ha previsto una financiación adicional de 3998 millones de euros, en el Componente 15 del Plan de Recuperación y Resiliencia para el desarrollo de redes de fibra óptica y 5G, sobre todo en zonas menos pobladas, ya que las zonas con gran densidad de población ya cuentan con este tipo de comunicación.

Como se comentaba anteriormente, esto tiene un gran impacto en las regiones menos desarrolladas y en transición, dado que permiten que más PYMES y grandes empresas se asienten en sus territorios, cosa que sin dicha infraestructura no podía producirse, dado que hoy la gran mayoría de actividades económicas necesitan de buenas conexiones para desarrollar sus actividades.

## 5.2.6. Política de Competencia en cuanto ayudas públicas a regiones

La competitividad de los mercados europeos ha sido una de las prioridades principales de la Unión desde el origen. No obstante, la eficiencia competitiva de estos ha sido puesta en jaque con cada adhesión a la Unión que se ha producido, puesto que, la inclusión de nuevos Estados miembros al «club europeo», con raras excepciones como Suecia y Finlandia, implicaba una inmediata caída del PIB medio de la Unión y requería un periodo transitorio de adaptación de las economías de estos países al Mercado Común, que se veía resentido.

El artículo 3 del TUE contempla como objetivo de la Unión un Mercado Interior y obrar a favor del desarrollo sostenible que se basase en un crecimiento económico equilibrado y con estabilidad de precios. Esto da lugar a una *economía social de mercado altamente competitiva, tendente al pleno empleo y al progreso social*, y en un nivel elevado de protección y mejora de la calidad del medio ambiente.

En base al concepto ya explicado de cohesión, esto no puede significar otra cosa que no sea una expresión de la Política Regional en el ámbito de la competitividad.

La Política de Competencia está directamente relacionada con el resto de las políticas europeas que están influenciadas con el Mercado Único. Por ejemplo, el artículo 170 del TFUE prevé que, en relación con las redes transeuropeas, en el contexto de un sistema de mercados abiertos y competitivos, la Unión tendrá por finalidad impulsar la interconexión e interoperabilidad de las redes nacionales. Para ello, tendrá en cuenta, en particular, las necesidades de enlazar las regiones insulares, sin litoral y periféricas con las regiones centrales de la Unión. En consecuencia, es innegable la vertiente regional de esta política.

La Política de Competencia pretende ofrecer a los clientes una variedad extensa de productos y servicios a los precios más bajos[98], lo que, existiendo un Mercado Interior Único, no es posible si no se persigue la cohesión económica, social y territorial en la Unión. Es por ello por lo que, pese a la firmeza europea a la hora de defender la libre competencia y la no alteración de los mercados, la Política de Competencia establece algunas excepciones en cuanto a las ayudas concedidas.

El artículo 107 del TFUE establece como norma general la incompatibilidad entre las ayudas, tomen la forma que tomen y el Mercado Interior. No obstante, serán compatibles, en todo caso:

- las ayudas de carácter social concedidas a los consumidores individuales, siempre que se otorguen sin discriminaciones basadas en el origen de los productos;

- y, las ayudas destinadas a reparar los perjuicios causados por desastres naturales o por otros acontecimientos de carácter excepcional.

Centrándonos en la dimensión regional de la Política de Competencia, podrán ser compatibles, requiriéndose el pronunciamiento al respecto de la Comisión, y siguiendo el procedimiento previsto en el artículo 108 del TFUE, las ayudas que:

- estén destinadas a favorecer el desarrollo económico de regiones en las que el nivel de vida sea anormalmente bajo o en las que exista una grave situación de subempleo, así como el de las regiones contempladas en el artículo 349;

- las destinadas a poner remedio a una grave perturbación en la economía de un Estado miembro;

- y, las destinadas a facilitar el desarrollo de determinadas actividades o de determinadas regiones económicas, siempre que no alteren las condiciones de los intercambios en forma contraria al interés común.

---

98 MOLINA DEL POZO, C., *Derecho de la Unión Europea, op. cit.*, pág. 443. Asimismo, sobre el conjunto de políticas que se vienen analizando, *vid.* MOLINA DEL POZO C.F: *Los municipios y las regiones en la Unión Europea*, Edita Juruá, Curitiba-Lisboa, 2023; MOLINA DEL POZO C.F: *Derecho de los Transportes en la Unión Europea*, Edita Colex, A Coruña, 2023; MOLINA DEL POZO C.F.: *Derecho del Turismo en la Unión Europea*, Tirant lo Blanch, Valencia, 2021; MOLINA DEL POZO C.F.: *Instituciones, órganos y organismos de la Unión Europea*, Edita Tirant lo Blanch, Valencia, 2023.

## 5.2.7. Política Social y de Empleo

La Política Social y de Empleo tiene como objetivo el fomento del empleo, con la consiguiente mejora de las condiciones de vida y de trabajo. Con esto se pretende lograr su equiparación por la vía del progreso, una protección social adecuada, el diálogo social, el desarrollo de los recursos humanos, lo que conlleva un nivel de empleo elevado y duradero y la lucha contra las exclusiones, tal y como establece el artículo 151 del TFUE.

El principal Fondo encargado de conseguir este objetivo es el Fondo Social Europeo, según el artículo 162 del TFUE, ahora denominado Fondo Social Europeo Plus (FSE+). Además, el artículo 3 del TUE otorga a la Unión objetivos de naturaleza social, incluidos la promoción de los pueblos de la Unión o, en su apartado 3, donde se fomenta la no exclusión social y la discriminación con ayuda de la justicia y la protección social. Asimismo, en este último apartado, se recalca que existe en la Unión una economía de mercado abierta para asegurar un progreso social.

Hay que destacar que los Estados de la Unión Europea no han incidido en potenciar esta política, ya que no han querido ampliar un poder autónomo en las relaciones laborares de cada una de las regiones, así como otros aspectos que se encasillan dentro de esta, tales como el empleo o el bienestar social, que por otra parte, es muy importante para el bienestar económico.

Si nos remitimos al Reglamento que regula el FSE+, en su artículo 3, donde se encuentran los objetivos generales, en el primer apartado, podemos ver la conexión entre la Política Social y de Empleo con la Política de Cohesión de la Unión Europea. Éste se refiere al mismo objetivo que hemos aludido anteriormente, concretamente, se hace referencia a un futuro en el que existan unas sociedades inclusivas y cohesionadas que aspiren a erradicar la pobreza y cumplir los principios establecidos en el Pilar europeo de derechos sociales.

Mencionar también, la Carta de Derechos Fundamentales de la Unión Europea que contiene, como su nombre indica, hasta 17 artículos, dónde proclama diversos derechos fundamentales del ámbito social que coinciden en su mayoría con la Carta Social Europea de 1961.

Sin embargo, como en la mayoría de las normas que hemos visto, no tienen gran aplicación práctica, pero en este caso, además, su propio artículo 51, establece que, no amplia o modifica las competencias atribuidas para lograr cualquiera de los fines. Por tanto, se podría tener como un medio interpretativo del resto de normas de la Unión, pese a que no haya posibilidad de que sea directamente aplicado si la propia Unión no tiene competencias atribuidas a dicho fin concreto.

## 5.2.8. Política de Salud Pública

En el artículo 168 del TFUE, en su apartado 2, podemos encontrar que, uno de los principales objetivos de la Política de Salud Pública consiste en conseguir la cooperación entre los Estados miembros. En específico, se dispone que, la indicada Política debe ser destinada a mejorar la complementariedad existente de los servicios de salud en las distintas regiones.

A continuación, en el apartado cuatro, podemos encontrar ciertos objetivos concretos o, más bien, problemas comunes en todas las regiones en materia de seguridad, tales como, por ejemplo:

• medidas que establezcan altos niveles de calidad y seguridad de los órganos y sustancias de origen humano,

• medidas de ámbitos veterinario y fitosanitario, y,

• medidas que establezcan normas elevadas de calidad y seguridad en los medicamentos y productos sanitarios.

Asimismo, cabe destacar que, se tomarán medidas destinadas a proteger y mejorar la salud humana, sobre todo, en lo que se refiere a lucha contra las pandemias, amenazas transfronterizas graves para la salud, así como medidas que tengan directamente como objetivo la protección de la salud, en lo que tiene que ver con el tabaco o el consumo de alcohol.

Esta Política está financiada mediante el UEproSalud que está regulado en el Reglamento de la Unión Europea 2021/522[99]. En su articulado, podemos encontrar numerosas referencias relativas a la cooperación con las diversas regiones y referencias a la Política de Cohesión. Así, por ejemplo, las regiones serán las encargadas del almacenamiento de productos esenciales para los casos de crisis o una formación a todo el personal médico o sanitario, que sea asignado voluntariamente por los Estados miembros para la movilización en caso de crisis sanitaria.

---

[99] Reglamento (UE) 2021/522 del Parlamento Europeo y del Consejo, de 24 de marzo de 2021, por el que se establece un programa de acción de la Unión en el ámbito de la salud («programa UEproSalud») para el período 2021-2027 y por el que se deroga el Reglamento (UE) n.° 282/2014, *DOUE L 107* de 26.3.2021, p. 1/29. Asimismo *vid.* MOLINA DEL POZO C.F.: *Instituciones, órganos y organismos de la Unión Europea*, Edita Tirant lo Blanch, Valencia, 2023; MOLINA DEL POZO C.F.: *Los municipios y las regiones en la Unión Europea*, Edita Juruá, Curitiba-Lisboa, 2023; MOLINA DEL POZO C.F.: *Hacia la creación de un nuevo orden internacional postpandemia: el rol de los distintos procesos de integración en Europa y en América Latina*, Edita Centro de Estudios Financieros - CEF, Madrid, 2021; MOLINA DEL POZO C.F.: «Estudio acerca de la propuesta de reglamento del Parlamento Europeo y del Consejo por el que se establece un mecanismo de recuperación y resiliencia, de 28 de mayo de 2020», en la obra de MOLINA DEL POZO C.F. (Dir.) y JIMÉNEZ CARRERO J.A. (Coord.): *Hacia la creación de un nuevo orden internacional pospandemia. El rol de los distintos procesos de integración en Europa y en América Latina*, Edita Centro de Estudios Financieros (CEF), Madrid, 2021, ISBN 9788445441169, págs. 193-208; MOLINA DEL POZO C.F. y CIPPITANI R.: *Las subvenciones en el Derecho de la Unión Europea*, Edita Juruá, Porto, 2021. ISBN: 978-989-712-813-4.

Habría que destacar, en el apartado de las subvenciones, concretamente el artículo 8, en el que se establece un plus para aquellas acciones que tengan un claro valor añadido para la Unión. Si se tienen en cuenta el interés de ciertas regiones, en concreto las que tengan una renta per cápita inferior al 90 % de la media de la Unión, serán subvencionadas al ser consideradas regiones más deprimidas.

Tras la pandemia del COVID, que supuso un duro golpe contra la sanidad de todos los países, así como de la Unión Europea en conjunto, son diversos los convenios y acuerdos que se han adoptado para intentar combatir una posible situación similar a la que ocurrió en 2019, es por ello que, se sigue avanzando en la creación de un instrumento internacional sobre pandemias, ya que es necesario que la comunidad internacional esté mucho mejor preparada y que su reacción ante posibles pandemias futuras esté mejor coordinada en las fases de detección, alarma y respuesta[100].

## 5.2.9. Política de Consumo

Basándose en el artículo 169 del Tratado de Funcionamiento de la Unión Europea, la Unión regula las relaciones de los consumidores para garantizar un trato equitativo. En concreto, aquellos sectores que son rápidamente desarrollados y evolucionan instantáneamente, como el mercado online, además de otros de suma relevancia, tales como el mercado de servicios financieros y el suministro energético[101].

Corresponde a la Unión la armonización de la normativa de los Estados miembros, evitando la obstaculización que puedan generar los propios países adoptando medidas fuera del alcance europeo en el Mercado Interior, en forma de directivas. Es decir, el objetivo es complementar la regulación estatal, en tanto este mercado es de dimensiones cada vez más europeas y globales, ofreciendo mayor nivel de protección a los consumidores.

Desde la Cumbre de Jefes de Estado de 1972 en París, se han desarrollado diferentes directivas en relación con los alimentos y su etiquetado, la competencia desleal, la seguridad en los productos, la publicidad engañosa, el transporte, etc., siendo todas estas medidas apoyadas por cinco organizaciones europeas, defensoras de los intereses del consumidor (BEUC, CES, COFACE, EIICA y Eurocoop).

---

100   CONSEJO EUROPEO. «Un acuerdo internacional sobre la prevención y preparación ante pandemias» https://www.consilium.europa.eu/es/policies/coronavirus/pandemic-treaty/, [Fecha de consulta: 13 de junio de 2023]. Asimismo, *vid.* MOLINA DEL POZO C.F. (Dir.) y JIMÉNEZ CARRERO J.A. (Coord.): *Hacia la creación de un nuevo orden internacional pospandemia. El rol de los distintos procesos de integración en Europa y en América Latina*, Edita Centro de Estudios Financieros (CEF), Madrid, 2021, ISBN 9788445441169.

101   COMISIÓN EUROPEA: «Estrategia de protección de los consumidores» https://ec.europa.eu/info/policies/consumers/consumer-protection-policy/consumer-strategy_es, [Fecha de consulta: 22 de enero de 2023

Así pues, en el reseñado contexto, se adoptó, en abril del 2012, una Agenda del Consumidor Europeo por parte de la Comisión Europea, que vino a establecer una línea estratégica de políticas, cuyos objetivos principales son los siguientes:

1. Primeramente, la garantía de los derechos de los consumidores, adaptándose a la rápida evolución del mercado y el ambiente social y económico. Especialmente, en aquellos aspectos más volátiles e inestables, tales como la energía, la digitalización y los servicios financieros, construyendo un sistema de evolución acorde al veloz movimiento de los mercados y que se ajustase a los saltos en la menor brevedad posible e incluso, fluctuando a su par[102].

2. Por otro lado, dotar estas garantías de regulación, para hacerlas efectivas y proteger al consumidor, agilizando los procesos litigiosos y la resolución de conflicto. No dejando, en ningún caso, que éstas se lleguen a convertir en una realidad sobre papel, sino revistiéndolas de normativa que actúe como aceite suavizante en los engranajes de este sistema.

3. Y, por último, asegurar los productos en el Mercado Único, ayudando a la elección clara y exacta de las mercancías como pudiera ser en mercados más recientes, pero con gran potencia, como es el referente a las compras online.

Para lograr estos objetivos, la visión estratégica de la Unión se basa en la adquisición de conocimientos frente a los mercados complejos, reforzando la confianza en los bienes, servicios y productos, asegurando un marco reglamentario y la supervisión del mercado. Asimismo, se pretende mejorar el cumplimiento de la ley que garantice los derechos de los consumidores y la adaptación de políticas y legislación, solventando las posiciones de vulnerabilidad.

Sin embargo, en noviembre de 2020, a raíz de la pandemia COVID-19, se adopta la Nueva Agenda del Consumidor, que, sin desatender lo previamente acordado, actualiza el marco de actuación estratégico para hacer frente a la nueva realidad y situación, no sólo de la Unión Europea, sino de la economía y circunstancias sociales y políticas mundiales.

Al presentarse esta nueva realidad económica, se busca la protección de los usuarios más vulnerables y las consecuencias que se deriven de ella, globalizando esta defensa de los consumidores tanto dentro como fuera de la Unión, haciendo frente a la desestabilidad, buscando la adaptación y agilización del sistema[103].

Se fusiona con la visión de futuro y estrategias generales de la Unión, en cuanto a buscar una transición: ecológica, sostenible en los productos y

---

102 COMISIÓN EUROPEA. «Consumidores» https://ec.europa.eu/info/policies/consumers_es#:~:-text=La%20UE%20legisla%20para%20proteger,su%20ayuda%20en%20contencio-sos%20transfronterizos, [Fecha de consulta: 23 de enero de 2023]

103 COMISIÓN EUROPEA. «Legislación en materia de protección de los consumidores» https://ec.europa.eu/info/law/law-topic/consumer-protection-law_es, [Fecha de consulta: 24 de enero de 2023]

estilos de vida; y digital, haciendo del mercado online un mercado seguro y protegido, garantizando los derechos de los usuarios.

Esta Nueva Agenda, en suma, es marcada por una mayor defensión frente a las políticas abusivas y desleales que se hayan podido generar durante la crisis pandémica ocasionada por el COVID-19, salvaguardando las principales necesidades específicas y concretas de los consumidores[104].

## 5.2.10. Medioambiente y cambio climático

El artículo 191.2 del TFUE especifica que, la política de la Unión, en el ámbito medioambiental, tendrá como finalidad alcanzar un nivel de protección elevado, sin olvidar la diversidad de situaciones existentes en las distintas regiones de la Unión.

Sin embargo, el artículo 11 del TFUE, promulga la transversalidad de la Política Medioambiental europea[105], lo cual exige que la Política Medioambiental europea tenga una dimensión regional o, a la inversa, que la Política Regional tenga en cuenta el impacto medioambiental de sus actuaciones. No ha de olvidarse, entonces, que el objetivo de la Política Regional no consiste sino en promover un desarrollo regional sostenible y equilibrado, es decir, un desarrollo económico respetuoso con el medio ambiente[106].

Esta conexión entre la Política de Cohesión y la Política Medioambiental europea explica, por ejemplo, el artículo 177 del TFUE, que prevé la subvención de proyectos medioambientales con recursos del Fondo de Cohesión, así como la promoción del desarrollo regional mediante la subvención de actividades menos contaminantes o la financiación de maquinaria respetuosa con el medio.

En este contexto, cobra especial relevancia la Estrategia europea de desarrollo sostenible, que persigue la compatibilidad entre el crecimiento económico, el bienestar social y la conservación del medioambiente.

---

104  Comisión Europea. «La Nueva Agenda del Consumidor» https://ec.europa.eu/info/policies/consumers/consumer-protection-policy/consumer-strategy_es#:~:text=La%20Nueva%20 Agenda%20del%20Consumidor&text=Su%20objetivo%20es%20preparar%20mejor,posterior%20a%20la%20COVID%2D19, [Fecha de consulta: 24 de enero de 2023]

105  Artículo 11 TFUE: «Las exigencias de la protección del medio ambiente deberán integrarse en la definición y en la realización de las políticas y acciones de la Unión, en particular con objeto de fomentar un desarrollo sostenible».

106  Ortega Gómez, M.: *Las Políticas de la UE en el siglo XXI, op. cit.*, pág. 468. Asimismo, *vid.* Molina del Pozo C.F. y Cippitani R.: *Las subvenciones en el Derecho de la Unión Europea*, Edita Juruá, Porto, 2021. ISBN: 978-989-712-813-4; Molina del Pozo C.F.: *Los municipios y las regiones en la Unión Europea*, Edita Juruá, Curitiba-Lisboa, 2023. ISBN 978-989-712-908-7; Molina del Pozo C.F.: *Derecho de los Transportes en la Unión Europea*, Edita Colex, A Coruña, 2023. ISBN 978-84-135-823-9; Molina del Pozo C.F.: *Derecho del Turismo en la Unión Europea*, Tirant lo Blanch, Valencia, 2021. ISBN: 978-84-1397-038-7.

Los programas marco, que se destacan especialmente en el ámbito medioambiental y en materia de competencia y contratación pública, son una metodología europea que pretende organizar las ayudas recibidas por los Estados y sus regiones para la aplicación de determinadas directrices y líneas estratégicas comunes, elaboradas por la Comisión de forma conjunta con los Estados[107].

A través de los programas marco, se elabora un sistema de planificación regional que articula los objetivos de las políticas nacionales y las comunitarias, respetando los principios comunitarios y las demás políticas. Por tanto, la perspectiva regional tiene una considerable incidencia en el ámbito medioambiental debido a los mencionados programas marco.

En concreto, el sistema de planificación que elaboran se sirve de Planes de Desarrollo o de Reconversión, Marcos Comunitarios de Apoyo y Programas Operativos con una vigencia de seis años. Fomentan la cooperación entre Instrumentos Comunitarios e instituciones en torno al esquema de referencia y actuación que estructuran para la Política Regional y la Unión. En estos Planes de Desarrollo Regional, siempre ha de incluirse una apreciación de la situación medioambiental[108], que permita conjugar la Política Regional y la Medioambiental.

Con relación a la preocupación de la Política Regional por el cambio climático, como ya se ha mencionado, el Fondo de Transición Justa es un instrumento financiero de la Política de Cohesión que pretende fomentar la transición hacia una neutralidad climática mediante la subvención de los retos socioeconómicos derivados de esa transición. Es, además, uno de los mecanismos de apoyo del Pacto Verde.

## 5.2.11. Política Energética

La Política Energética está prevista, principalmente, en el artículo 194 del TFUE, en el cual se dictan las prioridades esenciales en materia de Política

---

107   GIL ZAFRA, M.A., «La política regional de la Unión Europea: evolución normativa y metodología de actuación», *Política y Sociedad*, n.º 31, 1999, pág. 187; Asimismo, *vid.* MOLINA DEL POZO C.F.: *Derecho de los Transportes en la Unión Europea*, Edita Colex, A Coruña, 2023. ISBN 978-84-135-823-9; MOLINA DEL POZO C.F.: Los municipios y las regiones en la Unión Europea, Edita Juruá, Curitiba-Lisboa, 2023. ISBN 978-989-712-908-7; MOLINA DEL Pozo C.F.: *Instituciones, órganos y organismos de la Unión Europea*, Edita Tirant lo Blanch, Valencia, 2023. ISBN: 978-84-1113-283-1; MOLINA DEL POZO C.F.: *Derecho del Turismo en la Unión Europea*, Tirant lo Blanch, Valencia, 2021. ISBN: 978-84-1397-038-7.

108   Reglamento (CEE) n.º 2081/1993, artículos 8, inciso cuarto, y 9 inciso octavo. Asimismo, *vid.* MOLINA DEL POZO C.F.: *Los municipios y las regiones en la Unión Europea*, Edita Juruá, Curitiba-Lisboa, 2023. ISBN 978-989-712-908-7; MOLINA DEL POZO C.F.: *Instituciones, órganos y organismos de la Unión Europea*, Edita Tirant lo Blanch, Valencia, 2023. ISBN: 978-84-1113-283-1d.

Energética, que tienen que aplicar las instituciones europeas junto con los Estados miembros. Las mencionadas prioridades son las siguientes:

- promover el funcionamiento del mercado de la energía,
- garantizar la seguridad del abastecimiento energético en la Unión,
- fomentar la eficiencia energética y el ahorro energético, así como el desarrollo de las energías renovables, y,
- mejorar las interconexiones en aras del desarrollo del Mercado Único de la Energía.

La Comisión de Von der Leyen ha dado un impulso político a esta política energética con el Pacto Verde Europeo que, entre otras cosas, busca que Europa se convierta en el primer continente neutro en carbono del mundo en 2050.

En la Política Energética tienen un papel especialmente importante las regiones, ya que, por ejemplo, en España son las Comunidades Autónomas quienes otorgan las autorizaciones a los parques energéticos. No obstante, las medidas adoptadas en el Pacto Verde Europeo y demás regulación ambiental, tiene un impacto negativo en algunas regiones en particular, por este motivo se crea el Fondo de Transición Justa.

El Fondo de Transición Justa es un instrumento financiero dotado con 19.200 millones de euros en el presupuesto plurianual para aquellas regiones más afectadas por la transición energética.

Un ejemplo de estas regiones es Asturias o Teruel, conocidas por sus minas de carbón, así como sus centrales térmicas alimentadas por este combustible, abocadas al cierre como consecuencia de la transición ecológica.

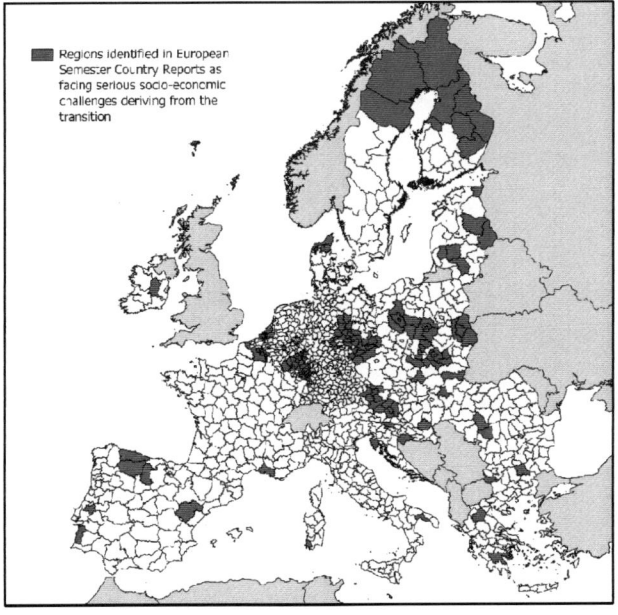

Fuera de España nos encontramos regiones aún más impactadas por la, anteriormente mencionada, transición, tales como la región de Baja Silesia en Polonia o Sajonia-Anhalt en Alemania.

En el mapa que se transcribe se pueden observar en rojo, aquellas regiones identificadas en el informe del semestre europeo como regiones que están afrontando serios desafíos socioeconómicos derivados de la transición ecológica.

En materia energética, además del Fondo de Transición Justa, hay más instrumentos financieros dedicados, sobre todo, al despliegue e integración de las energías renovables, en especial, el Next Generation EU que en el Plan de Recuperación, Transformación y Resiliencia Español se encuentra en el componente 7.

Estas inversiones financiadas por la Unión Europea para el despliegue de renovables pueden tener un impacto muy importante en todas las regiones, sobre todo, en las regiones con mayor territorio que, habitualmente, suelen sufrir la despoblación, siendo un ejemplo de estas regiones en España: Castilla-La Mancha, Extremadura o Imagen obtenida del documento: «A just transition fund- How the EU Budget can best assist in the necessary transition from fossil fuels to sustainable energy»[109].

Andalucía. Estas se caracterizan por ser regiones muy extensas que pueden beneficiarse del impacto de estos fondos.

Por ejemplo, el Gobierno regional castellanomanchego estima que, el Plan Horizonte 2030, que contempla inversiones por importe de 20.000 millones de euros financiadas mayoritariamente por Next Generation EU y el Fondo Europeo de Desarrollo Regional crearan aproximadamente 16.000 nuevos empleos en la región.

Por tanto, la Política Energética de la Unión, en la cual las regiones tienen un papel fundamental, constituye una oportunidad para la Unión de garantizar su independencia energética, factor muy importante y más aún desde el estallido de la invasión rusa de Ucrania.

Asimismo, ayuda a vertebrar las regiones más extensas y normalmente despobladas, construyendo infraestructuras y, por ende, facilitando la llegada de trabajadores a dichas regiones, así como una oportunidad para rebajar los costes energéticos y reforzar la competitividad de las empresas europeas frente a las del resto del mundo.

Además, a raíz de la crisis inflacionista derivada de la guerra en Ucrania, la Unión está tomando medidas adicionales para preservar la soberanía energé-

---

109 PARLAMENTO EUROPEO. «A just transition fund- How the EU Budget can best assist in the necessary transition from fossil fuels to sustainable energy» https://www.europarl.europa.eu/thinktank/en/document/IPOL_STU(2020)651444, [Fecha de consulta: 11 de junio de 2023]

tica de la Unión, así como rebajar las facturas de los ciudadanos y empresas. Para ello, como decimos, se están adoptando actuaciones, tales como la aceleración de los proyectos de energías renovables, así como la diversificación de las fuentes de energías fósiles.

En estas materias, la Unión tiene un papel primordial a la hora de financiar las interconexiones entre los distintos Estados miembros, lo que potencia el Mercado Único de la Energía y garantiza el aprovisionamiento energético, dando así cumplimiento al artículo 194 del TFUE.

Como consecuencia de la crisis energética mundial, la Unión Europea ha adoptado el plan RepowerEU, para facilitar la transición energética y potenciar la independencia energética de la Unión Europea, partiendo de una cantidad de casi 300 mil millones de euros, que ya se están movilizando entre todos los Estados miembros.

## 5.2.12. Política de Turismo

Dentro de las disposiciones especiales de esta Política, se pueden destacar las medidas en favor de las regiones.

En términos estratégicos, las regiones son las entidades más adecuadas para desarrollar el turismo de manera sostenible y aumentar el atractivo de los destinos europeos.

La Comisión apoya la creación de redes entre las principales regiones turísticas europeas, por lo que, en julio de 2009, se creó NECSTouR[110], una red abierta de regiones turísticas europeas, que debía servir de plataforma de intercambio de conocimientos y soluciones innovadoras en materia de turismo sostenible y competitivo.

La Unión ofrece una serie de fuentes de financiación para permitir que el turismo contribuya al desarrollo regional y al empleo:

- el Fondo Europeo de Desarrollo Regional para la financiación de proyectos sostenibles vinculados al turismo,

- el Programa INTERREG,

- el Fondo de Cohesión para la financiación de infraestructuras en los ámbitos del medio ambiente y el transporte,

- el Fondo Social Europeo para el empleo,

---

110    NECSTouR. «European Regions for Competitive and Sustainable Tourism» https://necstour.eu/, [Fecha de consulta: 11 de junio de 2023]. Asimismo, vid. MOLINA DEL POZO C.F.: *Los municipios y las regiones en la Unión Europea*, Edita Juruá, Curitiba-Lisboa, 2023; MOLINA DEL POZO C.F.: *Instituciones, órganos y organismos de la Unión Europea*, Edita Tirant lo Blanch, Valencia, 2023.

• el programa Leonardo da Vinci para la formación profesional,

• el Fondo Europeo Agrícola de Desarrollo Rural para la diversificación de la economía rural,

• el Programa Marco para la Innovación y la Competitividad y

• el Séptimo Programa Marco de Investigación y Desarrollo.

En este sentido, hemos de destacar que, en el contexto del marco financiero plurianual 2021-2027, el Programa para el Mercado Único ha sucedido al Programa Marco para la Innovación y la Competitividad, y Horizonte Europa ha sucedido a Horizonte 2020.

Ahora bien, el Parlamento Europeo publicó el 28 de octubre de 2018, una disposición en la que establecía toda una serie de medidas para luchar contra el principal riesgo que presenta el turismo en las regiones: el sobreturismo. Teniendo en cuenta que el sobreturismo afecta gravemente el patrimonio natural y cultural, existe el importante riesgo de que los países o regiones afectadas pierdan su atractivo tradicional.

Las repercusiones del sobreturismo pueden ser de carácter medioambiental, económico y social, viéndose principalmente afectadas las zonas costeras, las islas y el patrimonio rural.

El estudio ha puesto de manifiesto que los indicadores más pertinentes del sobreturismo son:

• La densidad (pernoctaciones por km2) y la intensidad (pernoctaciones por residente) del turismo;

• la cuota correspondiente al número de plazas turísticas ofrecidas por Airbnb, en el total de plazas turísticas que ofrecen, juntas, Airbnb y booking.com;

• la intensidad del transporte aéreo (número de llegadas por avión dividido entre el número de residentes);

• la cuota que representa el turismo en el PIB regional; y

• la cercanía de los aeropuertos, puertos para cruceros y lugares incluidos en el Patrimonio Mundial de la Unesco.

Se estudiaron más de 290 regiones, incluidas 53 en las que había al menos un destino que ya enfrentaba el sobreturismo.

El análisis de los casos prácticos del Parlamento pone de manifiesto que las repercusiones dependen del destino. Por ejemplo, las aludidas repercusiones de carácter social prevalecen en destinos urbanos, mientras que, las repercusiones medioambientales resultan ser más cuantificables en las zonas rurales. Las tres categorías de impacto se producen y constatan en las zonas costeras, en las islas y en los destinos clasificados como patrimonio y atracciones.

Algunas de las principales recomendaciones de la Comisión Europea fueron:

- Recomendar que se procediese a investigar, de forma más sistemática, la cuestión del sobreturismo.

- Iniciar debates sobre el crecimiento del turismo en los propios destinos.

- Implicar periódicamente a las partes interesadas, especialmente a los residentes, en la planificación del turismo y en los procesos de desarrollo del aludido turismo en todos los destinos.

- Fomentar la creación de un grupo especial de trabajo en materia de sobreturismo que cubra todo el territorio de la Unión.

- Abogar por empezar la recogida de datos, sobre el número de turistas y visitantes de un día, sobre Airbnb y otras formas de alojamiento nuevas y sobre las cuotas de los medios de transporte.

El 27 de mayo de 2021, el Consejo publicó las Conclusiones sobre el turismo en Europa en la próxima década: sostenible, resiliente, digital, mundial y social[111]. En dicho documento insta a la Unión y a los Estados miembros, a dar una respuesta colectiva y coordinada ante el COVID-19, citando como ejemplo de acciones a emprender la elaboración de normas de carácter voluntario para desarrollar protocolos sanitarios y de seguridad por parte de los servicios turísticos.

Además, se invita a preparar y poner en marcha, un llamada Agenda para el Turismo 2030/2050, conjuntamente por los Estados miembros y la Comisión, con el objetivo de impulsar las transiciones ecológica y digital[112].

## 5.2.13. Protección Civil y Ayuda Humanitaria

La Comisión Europea dispone de dos instrumentos para prestar ayuda en casos de emergencia a nivel de las regiones: la ayuda humanitaria y la protección civil.

Estos dos instrumentos se crearon con el objetivo de salvar vidas, prevenir el sufrimiento humano y salvaguardar la integridad y dignidad de la población ante catástrofes naturales o de origen humano.

Cualquier país puede solicitar ambas ayudas cuando las propias capacidades de reacción se vean desbordadas por una emergencia.

La diferencia entre ambas es mínima, en el caso de la Protección Civil se trata de medidas preventivas para reducir las consecuencias de futuras

---

111  Council Conclusions, Tourism in Europe for the next decade: sustainable, resilient, digital, global, and social, adopted on 27 May 2021, *8881/21*.

112  MOLINA DEL POZO, C.F.: *Derecho del Turismo en la Unión Europea*, 1.ª Edición, Tirant lo Blanch, Valencia, 2021, ISBN 978-84-1397-038-7.

emergencias o bien ayudas a poblaciones que hayan sufrido algún tipo de catástrofe. En cambio, la Ayuda Humanitaria brinda apoyo material y logístico a las personas afectadas, pero no debe confundirse con la cooperación para el desarrollo en donde, de lo que se trata es de establecer ayudas a largo plazo a países menos desarrollados.

Pues bien, será en el ámbito de la Ayuda Humanitaria donde nos encontremos más referencias a la Política de Cohesión, ya que se trata de una competencia compartida entre la Unión y los Estados, según se desprende del contenido del artículo 4.4 del TFUE.

Cada Estado decide la cuantía de la cantidad que aporta y que irá destinada a una crisis determinada, organización o fondo, siendo que éstos serán gestionados por la Comisión Europea, la cual pondrá en práctica las actuaciones oportunas en torno a las políticas humanitarias, siempre en nombre de la Unión Europea.

Son numerosas ocasiones en las que la Unión Europea ha destinado parte de sus fondos a ayuda humanitaria y servicios de emergencia, así como de protección civil. En los últimos tiempos, podríamos destacar, febrero de 2023, momento en el que la Unión Europea destinó 6,5 millones de euros en ayuda de emergencia suplementaria a Turquía y Siria para ayudar a ambos países a hacer frente a las consecuencias de los terremotos. Además, hay que reseñar que, según la Comisión Europea, esta ha sido una de las mayores operaciones de su historia, teniendo en cuenta que la mayor actuación de todas las que se han llevado a cabo ha sido para Ucrania[113].

## 5.2.14. Política de Asilo e Inmigración

Puede afirmarse que, través de la Política de Asilo e Inmigración, la Unión Europea pretende lograr tres objetivos fundamentales, a saber:

1. garantizar la ausencia total de controles a las personas, sea cual sea su nacionalidad, cuando crucen las fronteras interiores;
2. garantizar los controles de las personas y la vigilancia eficaz en el cruce de las fronteras exteriores; y, finalmente,
3. instaurar progresivamente un sistema integrado de gestión de las fronteras exteriores.

La Política de Asilo encuentra su base jurídica en los artículos 67.2, 78 y 80 del TFUE, estando, asimismo, regulada en la Carta de los Derechos Fundamentales de la Unión Europea, concretamente, en su artículo 18.

---

113  RAMAJO, M. «La UE destina 6,5 millones de euros en ayuda humanitaria a Turquía y Siria». https://www.elnacional.cat/es/internacional/ue-destina-6-5-millones-euros-ayuda-humanitaria-turquia-siria_967122_102.html, [Fecha de consulta: 08 de febrero de 2023].

Según se desprende del artículo 78 del TFUE, la Unión tiene competencias para crear una política común de asilo, con protección subsidiaria y temporal que ofrezca un estatuto a los nacionales de terceros que necesiten protección internacional y garantice el respeto del principio de no devolución. Esta política debe ajustarse a la Convención de Ginebra sobre el Estatuto de los Refugiados, de 28 de julio de 1951 y su Protocolo de 31 de enero de 1967, sobre el Estatuto de los Refugiados, así como a los demás Tratados pertinentes.

El Sistema Europeo Común de Asilo o SECA dispone de unos criterios mínimos para el tratamiento común de los solicitantes, así como de sus solicitudes de asilo en el territorio de la Unión Europea.

Ahora bien, la crisis migratoria de 2015 desveló que, pese a la existencia de la Directiva 2013/32/UE del Parlamento Europeo y del Consejo, de 26 de junio de 2013, sobre procedimientos comunes para la concesión o la retirada de la protección internacional[114], lo cierto es que no existe un trato uniforme a la hora de requerir la protección internacional.

Para los casos de afluencia masiva, como consecuencia de guerra, violencia o violaciones de derechos humanos, se destaca la Directiva 2001/55/CE del Consejo[115]. Si se diesen esas circunstancias, se establecería durante un año, prorrogable a dos, una protección temporal en todos los países de la Unión, excepto Dinamarca, consistente en el otorgamiento del permiso de residencia a aquellas personas que huyan de dicha situación. Una vez finalice la protección, las personas protegidas podrán regresar voluntariamente o de manera forzosa, siempre respetándose sus derechos fundamentales.

El Reglamento (UE) 604/2013 o Reglamento Dublín III, establece los criterios comunes que deben seguir los Estados miembros para decidir qué país tiene la responsabilidad de examinar una solicitud de protección internacional.

La protección internacional posee, para los casos en los que no se reconoce al solicitante del asilo el estatuto de refugiado, una protección subsidiaria. Dicha protección subsidiaria se dispone para aquellas personas que presentan riesgos de sufrir graves daños en el supuesto de regresar a su país de origen, a saber, condenas de muerte, torturas o tratos inhumanos.

Debe destacarse que dicha política, al tener un ámbito internacional, no es de aplicación regional, como tal, ya que es de materia estatal.

---

114 Directiva 2013/32/UE del Parlamento Europeo y del Consejo, de 26 de junio de 2013, sobre procedimientos comunes para la concesión o la retirada de la protección internacional, *DOUE L 180 de 29.6.2013, p. 60/95.*

115 Directiva 2001/55/CE del Consejo, de 20 de julio de 2001, relativa a las normas mínimas para la concesión de protección temporal en caso de afluencia masiva de personas desplazadas y a medidas de fomento de un esfuerzo equitativo entre los Estados miembros para acoger a dichas personas y asumir las consecuencias de su acogida, *DOUE L 212 de 7.8.2001, p. 12/23.*

La Política de Inmigración está regulada en los artículos 79 y 80 del TFUE, abarcando su competencia:

- la inmigración legal, puesto que, la Unión está facultada para establecer las condiciones en lo relativo a la reagrupación familiar, y sobre la entrada y residencia legal de ciudadanos provenientes de terceros países en un Estado miembro.

- la integración, ya que, con el fin de propiciar la integración de los nacionales de terceros países, la Unión puede fomentar y apoyar la acción de los Estados miembros. Sin embargo, la legislación de la Unión Europea no prevé la armonización de las disposiciones legales y reglamentarias nacionales.

- la lucha contra la inmigración irregular mediante una política eficaz de retorno, respetando los derechos fundamentales

- el establecimiento de acuerdos de readmisión entre la Unión y terceros países.

En conformidad al Tratado de Lisboa, las políticas de inmigración se regirán por el principio de solidaridad y de reparto equitativo de la responsabilidad entre los Estados miembros, inclusive en su aspecto financiero (art. 80 del TFUE).

## 5.2.14.1. Aceptación por cupos

La ausencia de una verdadera política migratoria común se manifestó tras la negativa de determinados Estados miembros a acoger solicitantes de asilo que huían de la guerra de Siria, de modo que no se cumplió con las cuotas asignadas por decisión de las instituciones de la Unión.

La Política Inmigratoria y de Asilo de la Unión Europea necesitaba un nuevo impulso, tras los problemas derivados de la guerra en Siria iniciada en 2015, a la vez que se incrementaba la presión migratoria irregular desde el norte de África y desde África subsahariana.

Con el objetivo de alcanzar un consenso político y proceder a modificar parte de su regulación, el 23 de septiembre de 2020, la Comisión Europea presentó una propuesta relativa al Nuevo Pacto sobre Migración y Asilo, sin embargo, como consecuencia de la pandemia que se vivía a nivel mundial en aquellos momentos, se hubo de retrasar su adopción efectiva y su entrada en vigor.

Con la guerra de Ucrania, provocada por la invasión de Rusia, iniciada el 24 de febrero de 2022, puede decirse que cambió exponencialmente la situación y, tanto la Unión Europea como los Estados miembros debieron adoptar distintos acuerdos y emprender determinadas actuaciones con carácter de emergencia debido a la conformación de una gran masa de refugiados que se esperaba, provenientes del territorio ucraniano asaltado.

## 5.2.15. Digitalización

Es evidente que, la tecnología avanza y las sociedades caminan en paralelo con ella. Este hecho se manifiesta desde la manera en la que vivimos hasta a la hora de trabajar. En consecuencia, la Unión Europea ha debido realizar un enorme esfuerzo tendente a orientar una parte importante de sus actividades hacia el entorno digital, y ello con la finalidad de llevar a cabo la protección de los usuarios y facilitar el entendimiento de los sistemas electrónicos.

A raíz de la crisis pandémica ocasionada por el COVID-19, esta Política de Digitalización ha sido un punto clave para la recuperación y resiliencia, por tanto, se viene trabajando desde la Unión Europea con el claro objetivo de crear un espacio digital seguro y accesible.

El primer punto para destacar es el configurado por la conocida como *Brújula Digital* que propuso la Comisión Europea, y que consiste en la adopción de una serie de objetivos a cumplimentar hasta el año 2030, y entre los cuales se incluye, como algo esencial y prioritario, a las capacidades digitales y a la educación, girando, consecuentemente, toda la actuación prevista en torno a cuatro grandes ámbitos, a saber:

- Capacidades
- Empresas
- Servicios públicos
- Infraestructuras

A pesar de que Europa es consciente de los avances tecnológicos producidos y de la velocidad de los cambios operados, el marco jurídico, en relación con los servicios digitales, sigue siendo el mismo desde que se aprobara la Directiva sobre el comercio electrónico en el año 2000.

Sin embargo, sí que se han creado dos actos legislativos que comportan determinadas medidas concretas tendentes a conseguir la efectiva protección de los usuarios. En concreto, esto derivaría en la aprobación de dos leyes: la Ley de Servicios Digitales y la Ley de Mercados Digitales.

Asimismo, cabe destacar el impulso dado a la posible creación de un Mercado Único de Datos, permitiendo un mayor intercambio en las regiones y la reutilización, incluso, entre sectores o fronteras.

Ahora bien, la pandemia ha dejado patente que es necesario una conectividad rápida y estable para todas las regiones y entre ellas, por tanto, se han fijado unos objetivos para 2025, destacándose una cobertura 5G, un acceso a la conectividad mínima para todos los hogares y supresión de los costes de itinerancia entre las regiones de la Unión Europea.

Cabe destacar, también, que se ha puesto en marcha en este último año, una Alianza Digital ente la Unión Europea y América Latina y el Caribe, tratándose de una iniciativa que defiende la transformación digital centrada en el ser humano. El objetivo de la Alianza es fomentar el desarrollo de infraestructuras digitales seguras, resilientes y centradas en el ser humano sobre la base de un marco basado en valores, garantizando un entorno democrático y transparente y haciendo especial hincapié en la privacidad y los derechos digitales[116].

Respecto de la ciberseguridad, advertir que, como todo, el aumento de la tecnología ha hecho posible realidad que los delitos cibernéticos también lo hagan, por tanto, la Unión Europea, de común acuerdo con las regiones, buscan mejorar su capacidad de respuesta y garantizar una mayor confianza en la tecnología. Por ejemplo, se ha añadido la digitalización de los sistemas judiciales de los Estados miembros para, con ello, aumentar la eficacia y eficiencia entre los países miembros y de cada uno de estos con la propia Unión.

## 5.2.16. Urbanismo, ordenación del territorio y ciudades

### 5.2.16.1. Agenda Urbana de la Unión Europea

En cuanto a las políticas de las ciudades y desarrollo urbano, la Unión Europea cuenta con una Agenda urbana[117], cuya ocupación es la resolución de problemas que puedan generarse o ya existan en estas ciudades, a través de las relaciones de las instituciones y autoridades de la Unión y los Estados miembros, elaborando planes de acción para una mejor legislación, financiación y flujo de información y conocimientos.

La legislación en dicha materia puede afectar de diferente manera a los destinatarios y presentar problemas a la hora de la aplicación local, ya que a menudo están implicados de manera más directa o no los Gobiernos municipales, lo que debe ser previsto por la Unión a la hora de regular y extender las correspondientes normativas al respecto.

Se pretende ayudar a estos interlocutores a la aplicación más coherente y efectiva de los instrumentos comunitarios, garantizando el cumplimiento de los objetivos con el menor coste y cargas administrativas a empresas y organizaciones implicadas.

Para esto, es importante la mejora de la financiación, y las autoridades urbanas gozan de cierta prioridad en los beneficios de la financiación pública, al ser los principales usuarios. Ahora bien, esto no significa que el acceso sea fácil, ya que existen numerosas vías y organismos europeos que pueden proporcionar estos fondos.

---

116 COMISIÓN EUROPEA. «Alianza Digital UE-ALC» https://ec.europa.eu/commission/presscorner/detail/es/ip_23_1598, [Fecha de consulta: 13 de junio de 2023]. Asimismo, *vid.* MOLINA DEL POZO C.F.: *Derecho de la Unión Europea, op. cit.* págs. 391 a 404.

117 COMISIÓN EUROPEA. «Agenda Urbana de la Unión Europea» https://ec.europa.eu/info/eu-regional-and-urban-development/topics/cities-and-urban-development/urban-agenda-eu_es, [Fecha de consulta: 02 de septiembre de 2022]. Asimismo, *vid.* MOLINA DEL POZO C.F.: Los municipios y las regiones en la Unión Europea, Edita Juruá, Curitiba-Lisboa, 2023.

Así pues, es preciso advertir que, en realidad, la Agenda no genera nuevos fondos de financiación, sino que contribuye a facilitar la solicitud de los programas de la Unión Europea, en especial los relativos a la Política de Cohesión.

En este contexto de trabajo conjunto, se favorece el flujo de información y la mejora de los conocimientos. La historia sienta precedente de actuación y buen comportamiento, las Administraciones de las diferentes ciudades variarán en una gran cantidad de aspectos, teniendo, entonces, que agudizar el control de los datos para buscar las soluciones específicas a los problemas más relevantes que se planteen.

Se crea una fuente de datos sobre la política urbana y el intercambio de estos buenos comportamientos, que deberán de cumplimentar tanto la legislación europea en cuanto hace referencia a la protección de datos, como a la información del sector público, en las iniciativas propuestas, favoreciendo el uso de datos a gran escala, masivos, que estén relacionados y sean abiertos.

Los ministros de política urbana europeos ratificaron, en mayo de 2016, los principales temas y más relevantes para las ciudades, establecidos en el Pacto de Ámsterdam, siendo los siguientes:

- La calidad del aire
- La Economía circular
- La Adaptación al cambio climático
- La Transición digital
- La Transición energética
- La Vivienda
- La Inclusión de los migrantes y refugiados
- La Contratación pública innovadora y responsable
- Los Puestos de trabajo y las capacidades en la economía local
- El uso sostenible de las tierras y soluciones alternativas basadas en la naturaleza
- La Movilidad urbana
- La Pobreza urbana.

## 5.2.16.2. Nueva Carta de Leipzig 2020: el poder transformador de las ciudades

Además de la Agenda Urbana, por parte del Consejo de la Unión Europea, se aprueba la Nueva Carta de Leipzig 2020, denominada el poder transformador de las ciudades[118].

---

118  MINISTERIO DE TRANSPORTES, MOVILIDAD Y AGENDA URBANA. «La nueva Carta de Leipzig (2020) y la Agenda Territorial 2030» https://www.mitma.gob.es/arquitectura-vivien-

Esta Nueva Carta versa sobre su predecesora de 2007, manteniendo sus grandes principios, pero adaptada a las nuevas realidades de las ciudades, así como al cambio climático, la mayor cantidad de flujos migratorios o la crisis provocada como consecuencia del COVID-19.

Esto implica la impulsión de ideas de política urbana, basadas en el poder transformador de las ciudades en tres grandes aspectos:

• Dimensión social: la Ciudad Justa, una ciudad igualitaria en cuanto a oportunidades y acceso a los servicios públicos, vivienda digna, etc., sin ser causa de discriminación el género, la edad, la nacionalidad, el origen o el estatus socioeconómico.

• Dimensión ambiental: la Ciudad Verde, aportando a la lucha contra el Cambio Climático, mejorando la calidad del aire, del agua y del suelo, el acceso a los espacios verdes, favoreciendo una movilidad neutra en emisiones de carbono, además de eficiente y multimodal.

• Dimensión económica: la Ciudad Productiva, diversificando una economía generadora de empleo, que proporcione una base financiera sólida para conseguir alcanzar el desarrollo urbano sostenible, que favorezca la innovación, sobre lo cual se puede establecer una cuarta dimensión transversal, la Digitalización.

Estos aspectos se pretenden aprovechar, a través de diferentes políticas y principios estratégicos, a saber:

• políticas urbanas para el bien común, con la actuación de las Administraciones, aportando al interés del bienestar público;

• enfoque integrado, equilibrado en la coordinación de las políticas urbanas;

• participación y co-creación;

• gobernanza multinivel, es decir, local, regional, nacional y europea;

• enfoque especializado, estrategias y financiación basados en un análisis sólido de las características específicas territoriales.

### 5.2.16.3. La Agenda Territorial 2030: un futuro para todos los hogares

El 1 de diciembre de 2020 se aprueba esta Agenda por parte de los Ministros de Ordenación del Territorio y Cohesión. Este documento revisa la anterior Agenda Territorial del año 2007, que ya fue actualizada en 2011, des-

---

da-y-suelo/urbanismo-y-politica-de-suelo/actividad-internacional/union-europea/nueva_carta_leipzig, [Fecha de consulta: 02 de septiembre de 2022]. Asimismo, *vid.* MOLINA DEL POZO C.F.: «La preocupación de la Unión Europea por lograr ciudades sostenibles: la Carta de Leipzig», en el *Libro Homenaje al Prof. Martín Bassols Coma*, con motivo de su jubilación, Edita Tirant lo Blanch, Madrid, 2008, págs. 393 a 408.

tacando la necesidad de evitar el creciente incremento de las desigualdades y desequilibrios entre ciudadanos y territorios europeos, la calidad de vida, el acceso a los servicios, al empleo y la digitalización.

Esta Agenda territorial tiende a incluir las prioridades previamente mencionadas de una Europa más justa, con un mayor equilibrio territorial y correcta articulación de los lugares, favoreciendo la integración; así como, una Europa más verde, responsable con el medio ambiente, más saludable, basada en la sostenibilidad, la digitalización y la economía circular.

### 5.2.16.4. El Foro de las Ciudades 2023

El Foro de las Ciudades de 2023, celebrado en Italia y organizado por las diversas autoridades locales, regionales y nacionales, pone en perspectiva esta discusión de transformación de las ciudades europeas.

Sigue esta misma línea que resalta el objetivo de lograr la centralización en las denominadas políticas verdes y en la digitalización, conectados a las principales finalidades económicas de la Unión Europea consistente, como es bien sabido, en conseguir el mayor desarrollo posible de las regiones[119].

Este Foro creado en base al lema «Juntos por ciudades verdes y justas», explora las diversas actuaciones de la Unión y los Estados miembros, para lograr que las ciudades sean más inteligentes, digitales, circulares y climáticamente neutras, generando un ámbito de cooperación regional para afrontar los problemas de las ciudades europeas.

Se lanza la Iniciativa Urbana Europea (EUI)[120], que respalda las diferentes políticas y estrategias como la *New European Bauhaus*, como instrumento de ayuda a la transición ecológica y digital.

### 5.2.17. Política de Industrial

La Política Industrial europea basa sus objetivos en la adaptación acelerada a los cambios estructurales, fomentando un entorno de cooperación y desarrollo empresarial, y mejorando el aprovechamiento de las políticas de I+D+i. Esto

---

119 RED ESPAÑOLA DE CIUDADES POR EL CLIMA «Foro de las Ciudades 2023» https://redciudadesclima.es/node/1062, [Fecha de consulta: 11 de febrero de 2023]. Asimismo, *vid.* MOLINA DEL POZO C.F.: «La deseada y potencial participación de las regiones europeas en la implementación del Pacto Verde de la Unión Europea». En *Anuario de la Facultad de Derecho de la UAH*, volumen XIV (2021); MOLINA DEL POZO y SALDAÑA ORTEGA V.: «La política de cohesión y la lucha contra el éxodo rural ante la nueva perspectiva federal de la Unión Europea», en *Revista ICE*, 2022; MOLINA DEL POZO C.F.: «La política de Cohesión de la Unión Europea como impulsora del Desarrollo de las Regiones», en *Revista de Derecho Urbanístico y Medio ambiente*, Año LIII, N.° 330-331, 2019.

120 EUROPEAN URBAN INITIATIVE. «The European Hub for sustainable urban development» https://www.urban-initiative.eu/, [Fecha de consulta: 11 de febrero de 2023].

se traducirá en un aumento de la competitividad, mientras se mantiene el predominante papel impulsor del empleo y el crecimiento sostenible de la Unión Europea, muy integrada y relacionada con otras políticas europeas como la del Mercado Interior, Medioambiente y Salud.

Esta actuación de la Unión viene guiada por el marco de la Estrategia Europa 2020, cuyo objeto era la recuperación económica tras la crisis de 2008, subsanando los defectos de base del modelo económico y de crecimiento europeo.

De esta manera, se crearía un nuevo sistema más inteligente, sostenible e integrador, que se tomase de referencia en el largo plazo y las presiones que se ejercían sobre la globalización y sus factores como el envejecimiento y los recursos[121].

Generando una nueva estrategia, en marzo de 2019, el Consejo Europeo solicitó a la Comisión Europea una visión extendida en el tiempo de la Política Industrial, presentando, en mayo de ese mismo año, una perspectiva europea para 2030.

A raíz de la posterior pandemia motivada por el COVID-19, se adaptó esta estrategia, naturalmente debido a las circunstancias de excepción e incertidumbre generadas, en mayo de 2021, reforzando el Mercado Único y manteniendo la posición de liderazgo de la Unión Europea.

Así, se logró mejorar la competitividad a un nivel más global, haciendo valer la autonomía, buscando las asociaciones internacionales diversificadas, la realización de alianzas industriales y el seguimiento de las dependencias estratégicas. Se aumentó la resiliencia, adoptando medidas como un Instrumento de Emergencia del Mercado Único y la profundización y seguimiento del Mercado Único.

Hay que tener muy en cuenta a las pequeñas y medianas empresas (pymes), como vector estratégico de la innovación en los diferentes sectores, ya que se beneficiarán de un mercado nuevo reforzado, más transversal, con movimientos de adaptaciones, sostenible y digital, y en el que se detectarán movimientos más rápidos y eficaces para la consecución de los fines perseguidos.

## 5.2.18. Política de I+D+I (Investigación, Desarrollo Tecnológico e Innovación)

La política de investigación, desarrollo e innovación de la Unión está prevista en los artículos 179 a 190 del Tratado de Funcionamiento de la Unión Europea. Su misión principal es que todas las empresas, incluidas las PYMES, investiguen para asegurar la competitividad de la Unión en el mundo,

---

121 COMISIÓN EUROPEA. «Estrategia industrial europea» https://ec.europa.eu/info/strategy/priorities-2019-2024/europe-fit-digital-age/european-industrial-strategy_es, [Fecha de consulta: 02 de septiembre de 2022]. Asimismo, *vid.* MOLINA DEL POZO C.F.: *El Derecho Comunitario y la I+D+T: hacia el diseño de un perfil para el futuro.* Madrid, 2009. 180 págs. Editorial: Servicio de Publicaciones de la UAH y Dykinson S.L. ISBN: 978-84-9849-284-2.

ligándose a la libre circulación, y permitiendo la cooperación de los investigadores europeos, lo que facilita el libre flujo de conocimientos de unos Estados a otros y agilizando la cooperación.

Para ello se crean ciertos instrumentos, pero el más importante en el ámbito de la política de I+D+I es el programa marco Horizonte Europa, que cuenta con 95.500 millones de euros en el presupuesto plurianual 2021-2027.

Dicho programa está dedicado a apoyar la investigación e innovación en la Unión, constituyendo la investigación e innovación una parte fundamental en la economía, dado que esta asegura la competitividad en el futuro de la Unión.

Esta política también tiene un impacto notable en cada una de las regiones europeas, dado que permite a las PYMES, fundamentales en la economía de las regiones y en especial en la economía de las regiones españolas, acceder a subvenciones para realizar proyectos de investigación que les permitan mejorar su productividad y ofrecer nuevos proyectos.

A continuación, se muestra en una tabla las subvenciones otorgadas por el programa «Horizonte Europa» en cada Comunidad Autónoma española y la financiación otorgada.

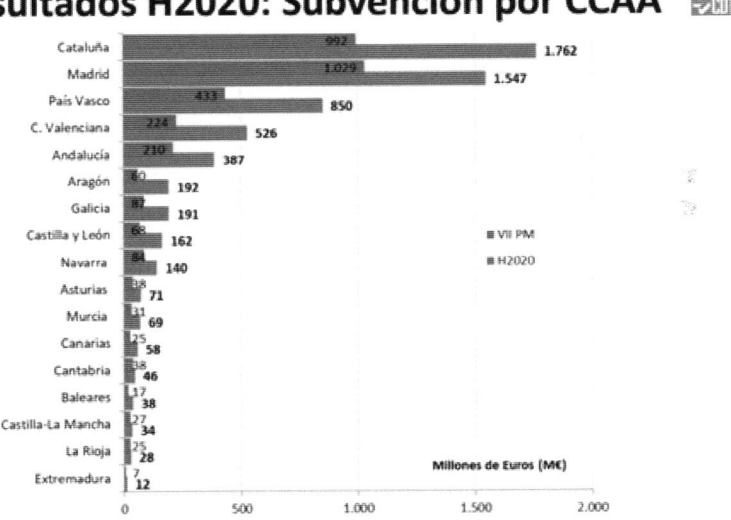

Gráfica del documento «Participación española en
Horizonte 2020: resultados por CC. AA.»[122]

122  MINISTERIO DE CIENCIA E INNOVACIÓN. «Participación española en Horizonte 2020: Resultados por CC. AA.» https://www.horizonteeuropa.es/sites/default/files/noticias/H2020 %20 Resultados%20por%20CCAA%20vpub1.pdf, [Fecha de consulta: 11 de junio de 2023]

Como podemos observar, el programa Horizonte Europa, moviliza miles de millones para las regiones españolas, dedicados a la investigación. La mayoría de estos miles de millones tienen un efecto multiplicador en las economías nacionales y, por supuesto, en la economía de la Unión en su conjunto, ya que permiten a las empresas y universidades descubrir nuevos productos, que luego podrán vender al resto del mundo, mejorando así la balanza comercial de la Unión Europea en su globalidad.

Además, según la Comisión Europea entre 50.000 y 100.000 científicos dependen directamente de la financiación del programa Horizonte Europa, por lo que es una manera de fomentar el empleo investigador en las regiones europeas.

# 6.

---

# INSTRUMENTOS FINANCIEROS DE APOYO A LA POLÍTICA REGIONAL Y DE COHESIÓN

## 6.1. Los Fondos Estructurales

Uno de los objetivos principales de la Unión Europea es fomentar la cohesión económica, social y territorial, así como la solidaridad entre los Estados miembros.

Desde la fundación de la Comunidad Europea, se identificaron diversas disparidades territoriales y demográficas lo que suponía un obstáculo para la integración y el desarrollo conjunto. El Tratado de Roma estableció algunos mecanismos de solidaridad intracomunitaria y conforme fue avanzando la integración europea, se incorporaron progresivamente como competencias comunitarias la cohesión económica, social y territorial, en torno a las que se desarrolló la Política de Cohesión.

Hoy día, puede afirmarse que, la Política de Cohesión es la principal política de inversión de la Unión y proporciona un apoyo esencial a la reducción de las disparidades entre las regiones. Por tanto, entendemos como Fondos Estructurales los recursos que la Unión Europea destina para financiar estos objetivos estratégicos y promover el desarrollo de los países menos favorecidos.

Los Fondos Estructurales funcionan conjuntamente para la inversión, el crecimiento y la creación de empleo a escala de la Unión Europea y para sufragar las reformas estructurales a nivel regional. Estos Fondos los gestionan cada uno de los países de la Unión a través de los llamados acuerdos de asociación, donde se recogen el planteamiento básico y las prioridades de inversión de estos.

El inicio de la nueva etapa establecida para los Fondos (2021-2027) se caracteriza por los dos sucesos inesperados que han tenido lugar en el ámbito geográfico de la Unión Europea: por un lado, la pandemia provocada por el COVID-19; y, más recientemente, el conflicto ocasionado por Rusia con motivo de la invasión del territorio de Ucrania.

En este contexto la Unión, así como los Fondos que esta organización supranacional suministra cobra mayor importancia para proporcionar una red de apoyo y protección a los países. Así, qué duda cabe de que está jugando un papel muy importante como apoyo político y financiero a los distintos Estados miembros afectados de una o de otra forma por las diferentes crisis sobrevenidas.

Las políticas de cohesión ofrecen un amplio abanico de instrumentos para avanzar hacia los objetivos que tiene la propia Unión, para ello es necesario una coordinación entre los Fondos que asegure la complementariedad de esfuerzos entre ellos.

En el periodo 2021-2027 se ha puesto especial énfasis en mejorar la eficiencia en la utilización de los instrumentos de la Política de Cohesión. Por un lado, la Comisión Europea ha puesto en marcha un programa que presenta como gran objetivo la adopción de medidas que tienen por finalidad la simplificación de la Política de Cohesión.

Por su parte, las autoridades nacionales han buscado formas de avanzar en la flexibilización y la simplificación, con vistas a reducir la carga administrativa y agilizar la ejecución de la Política de Cohesión para maximizar su impacto.

Para el actual período de programación, el sexto hasta la fecha, la Comisión Europea agrupa el gasto en siete ámbitos de gasto principales:

ANEXO I

MARCO FINANCIERO PLURIANUAL (UE-27)

(millones EUR a precios de 2018)

| Créditos de compromiso | 2021 | 2022 | 2023 | 2024 | 2025 | 2026 | 2027 | Total 2021-2027 |
|---|---|---|---|---|---|---|---|---|
| 1. Mercado único, innovación y economía digital | 19 712 | 19 666 | 19 133 | 18 633 | 18 518 | 18 646 | 18 473 | 132 781 |
| 2. Cohesión, resiliencia y valores | 49 741 | 51 101 | 52 194 | 53 954 | 55 182 | 56 787 | 58 809 | 377 768 |
| 2a. Cohesión económica, social y territorial | 45 411 | 45 951 | 46 493 | 47 130 | 47 770 | 48 414 | 49 066 | 330 235 |
| 2b. Resiliencia y valores | 4 330 | 5 150 | 5 701 | 6 824 | 7 412 | 8 373 | 9 743 | 47 533 |
| 3. Recursos naturales y medio ambiente | 55 242 | 52 214 | 51 489 | 50 617 | 49 719 | 48 932 | 48 161 | 356 374 |
| de los cuales: gastos en concepto de ayudas relacionadas con el mercado y pagos directos | 38 564 | 38 115 | 37 604 | 36 983 | 36 373 | 35 772 | 35 183 | 258 594 |
| 4. Migración y gestión de las fronteras | 2 324 | 2 811 | 3 164 | 3 282 | 3 672 | 3 682 | 3 736 | 22 671 |
| 5. Seguridad y defensa | 1 700 | 1 725 | 1 737 | 1 754 | 1 928 | 2 078 | 2 263 | 13 185 |
| 6. Vecindad y resto del mundo | 15 309 | 15 522 | 14 789 | 14 056 | 13 323 | 12 592 | 12 828 | 98 419 |
| 7. Administración pública europea | 10 021 | 10 215 | 10 342 | 10 454 | 10 554 | 10 673 | 10 843 | 73 102 |
| de los cuales: gastos administrativos de las instituciones | 7 742 | 7 878 | 7 945 | 7 997 | 8 025 | 8 077 | 8 188 | 55 852 |
| TOTAL DE CRÉDITOS DE COMPROMISOS | 154 049 | 153 254 | 152 848 | 152 750 | 152 896 | 153 390 | 155 113 | 1 074 300 |
| TOTAL DE CRÉDITOS DE PAGO | 156 557 | 154 822 | 149 936 | 149 936 | 149 936 | 149 936 | 149 936 | 1 061 058 |

Tabla 1. Fuente: REGLAMENTO (UE, EURATOM) 2020/2093 DEL CONSEJO de 17 de diciembre de 2020 por el que se establece el marco financiero plurianual para el período 2021-2027. DOUE 22 diciembre de 2020.

El Reglamento de la Unión, por tanto, prevé un presupuesto de 1.074.300 millones de euros (precios de 2018). Junto con el instrumento de recuperación Next Generación EU (750.000 millones de euros), el presupuesto aumentara a 1.824.300 millones de euros para poder superar los problemas mencionados anteriormente en el que se encuentran insertos todos los países.

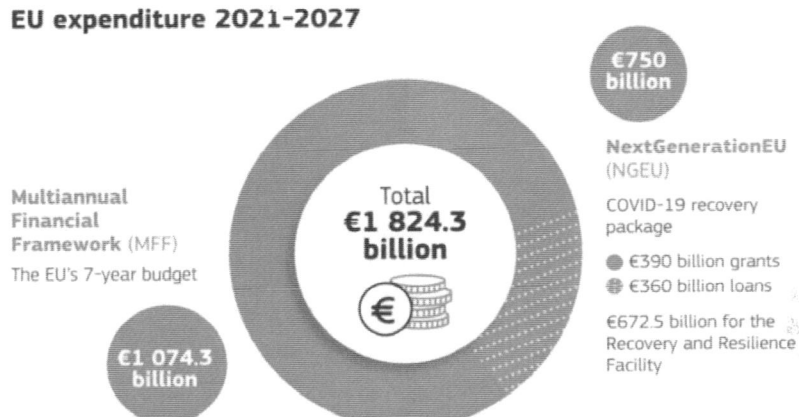

**EU expenditure 2021-2027**

Multiannual Financial Framework (MFF)
The EU's 7-year budget

€1 074.3 billion

Total
**€1 824.3 billion**

€750 billion

NextGenerationEU (NGEU)

COVID-19 recovery package

● €390 billion grants
⊕ €360 billion loans

€672.5 billion for the Recovery and Resilience Facility

**Ilustración 1. Financiación multianual, grafico de la Comisión Europea**

Dentro de todos estos Fondos Estructurales podemos destacar:

1. Fondo Europeo de Desarrollo Regional (FEDER)
2. Fondo Social Europeo Plus (FSE+)
3. Fondo de Solidaridad de la Unión Europea
4. Fondo de Cohesión
5. Fondo de Transición Justa
6. Fondo Europeo Agrícola de Desarrollo Rural (FEADER)
7. Fondo Marítimo y de Pesca (FEMP)

## 6.1.1. Fondo Europeo de Desarrollo Regional (FEDER)

Es el principal Fondo Estructural dentro de la Unión Europea y encuentra su base jurídica en los artículos 174 a 178 del Tratado de Funcionamiento de la Unión Europea (TFUE).

Así, el artículo 176 establece que, este mencionado Fondo estará destinado a contribuir a la corrección de los principales desequilibrios regionales a través de la inversión en el desarrollo, en el ajuste estructural de las regiones menos desarrolladas y en la reconversión de las regiones industriales en declive.

Por tanto, el FEDER tiene dos objetivos principales y comunes durante todos los periodos:

- La inversión en crecimiento y el empleo orientado a fortalecer el mercado laboral
- La cooperación territorial europea

Ahora bien, se han establecido, para el periodo 2021-2027, cinco grandes objetivos concretos comunes al FEDER y a otros dos de los Fondos Estructurales (FSE+ y FEMPA):

- OP 1. Una Europa más competitiva e inteligente.
- OP 2. Una Europa más verde, baja en carbono, en transición hacia una economía con cero emisiones netas de carbono y resiliente.
- OP 3. Una Europa más conectada, mejorando la movilidad.
- OP 4. Una Europa más social e inclusiva.
- OP 5. Una Europa más próxima a los ciudadanos, fomentando el desarrollo integrado y sostenible de todo tipo de territorios e iniciativas locales.

Alrededor del 8 % del FEDER se destinará a desarrollo urbano sostenible, fortaleciéndose la dimensión urbana de la Política de Cohesión. Además, una parte importante de los FEDER (entre el 65 % y el 85 %) se concentra en los objetivos 1 y 2, es decir, en crecimiento inteligente y economía verde.

Al igual que, en los periodos anteriores, a nivel de las regiones, se han creado tres grandes grupos, con el fin de dividir los recursos asignados al mismo: el primero, respecto de las regiones más desarrolladas a las cuales la tasa de financiación FEDER es el 40 %; el segundo, en relación con las regiones en transición a las que les corresponde un 60 %; y, finalmente, el de las regiones menos desarrolladas que tienen una tasa de financiación del 85 %. Para este periodo se ha asignado al FEDER alrededor de 200.360 millones de euros.

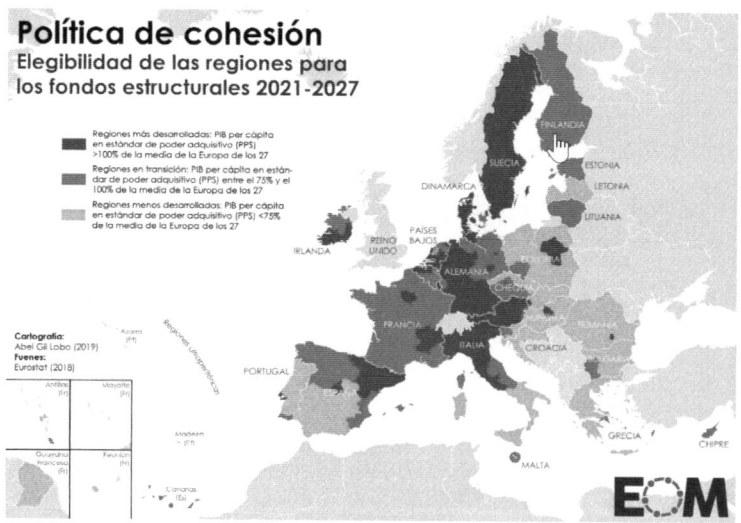

En cada Estado miembro se designan organismos gestores, que serán los encargados de comunicar a los beneficiarios y/o receptores de los fondos (Administraciones públicas, Universidades, Pymes, Centros de investigación, organizaciones privadas sin ánimo de lucro, etc…) las indicaciones de la Comisión Europea.

Las Autoridades de Gestión (AG) son responsables de la gestión y la ejecución de los programas operativos de conformidad con el principio de buena gestión financiera.

En España, la Autoridad de Gestión es la Subdirección General de Gestión del FEDER salvo para los Programas de Cooperación Territorial.

Asimismo, éstas se apoyan en Organismos Intermedios (OI), organizaciones públicas y privadas sin ánimo de lucro que desempeñan funciones en su nombre para la gestión y ejecución de los programas operativos. Existen OI tanto a nivel autonómico como a nivel nacional, destacándose, en este caso, la gestión de los Programas Operativos Pluriregionales.

En el periodo 2021-2027, se sigue manteniendo la concentración temática en torno a las dos principales prioridades, sin embargo, también se han introducido una lista de actividades que no reciben el apoyo del FEDER como, por ejemplo, el desmantelamiento o la construcción de centrales nucleares, las infraestructuras aeroportuarias y algunas operaciones de gestión de residuos.

## 6.1.2. Fondo Social Europeo Plus (FSE+)

La base jurídica de este Fondo lo encontramos, principalmente, en el artículo 175 apartado 3 del TFUE. No obstante, también podemos hallar referencias al mismo en las menciones que se hacen en los artículos 149, 153 y 164 del aludido Tratado.

En todos los preceptos reseñados se viene a establecer que, este Fondo tiene como objetivo fundamental el de ayudar a los Estados miembros para hacer frente a la crisis provocada por la pandemia del COVID-19, aumentar los niveles de empleo y una protección social, así como desarrollar una mano de obra cualificada preparada para una transición ecológica y digital. Además, en numerosos artículos se determina que, se trata del más importante instrumento de la Unión destinado a invertir en las personas.

Este Fondo es una combinación de otros cuatro antiguos Fondos del período 2014-2020. Además del anterior Fondo Social Europeo (FSE), agrupa el Fondo de Ayuda Europea para las Personas Más Desfavorecidas (FEAD), la Iniciativa de Empleo Juvenil (IEJ), el programa de la Unión Europea para el Empleo y la Innovación Social (EaSI) y el programa de Salud de la Unión Europea.

Asimismo, el FSE+ interacciona con otros diversos instrumentos de la Unión Europea que invierten en personas, como Erasmus+, el Fondo de Asilo y Migración, el Fondo Europeo de Adaptación a la Globalización, y el conocido como Instrumento de Apoyo Temporal para Atenuar los Riesgos de Desempleo en una Emergencia (SURE).

Serán los Estados miembros los que, fundamentalmente, se ocupen de gestionar este Fondo, mientras que a la Comisión Europea únicamente le corresponde la tarea de supervisar esta labor citada. En consecuencia, se entiende que este Fondo cuenta con un régimen de gestión compartida, mediante el cual la Comisión delega en los Estados miembros la ejecución de los programas de ámbito nacional y los Estados miembros, posteriormente, distribuyen estos Fondos a los destinatarios finales.

La cuantía a la que ascienden estos Fondos, aproximadamente, se eleva a una cifra de 98.500 millones de euros, cantidad que se encuentra consignada debidamente en los Presupuestos de la Unión. Si bien, es necesario advertir que, la parte correspondiente del mencionado Presupuesto destinada al empleo e innovación social (EaSI) es ejecutada por la Comisión Europea y cuenta con un montante presupuestario de aproximadamente 762 millones de euros.

El Fondo Social Europeo Plus participa de los mismos principios de diseño e implementación que el FEDER, siendo la principal variación que, en su diseño y ejecución, se suman un número más amplio de socios, como ONG u organizaciones de trabajadores, para garantizar que el gasto sea más efectivo y eficiente y satisfaga las necesidades de la región o comunidad territorial en cuestión.

En España encontramos a UAFSE que es la unidad administradora del Fondo Social Europeo, así como del FEAD, la cual se ubica dentro del ministerio de trabajo y economía social al estar —como se ha expuesto anteriormente— este Fondo destinado principalmente al empleo y a la inversión en personas.

## 6.1.3. Fondo de Solidaridad de la Unión Europea

El Fondo de Solidaridad de la Unión Europea se encuentra mencionado en el artículo 175 y en el artículo 212 del TFUE. Se establece como objetivo la ayuda a los Estados miembros o a los países cuya adhesión está en proceso de negociación, de manera que se puedan cubrir los esfuerzos que hagan estos países para hacer frente a los daños debidos a catástrofes naturales o emergencias de salud pública.

Todo el contexto relatado no está incluido dentro del Presupuesto de la propia Unión, sin embargo, sí que se establece que pueden movilizarse hasta 500 millones de euros al año, así como una dotación como complemento del gasto público en operaciones de emergencia del Estado miembro de que se trate.

En consecuencia, este Fondo adopta la forma de una subvención que se complementa al propio gasto público de dicho Estado, pudiendo las medidas urgentes que optan a esta financiación ser:

- Restablecimiento inmediato del funcionamiento de las infraestructuras e instalaciones en los sectores de la energía, el agua potable, la eliminación de las aguas residuales, las telecomunicaciones, los transportes, la sanidad y la enseñanza;

- Puesta a disposición de alojamientos provisionales y financiación de servicios de auxilio destinados a cubrir las necesidades de la población afectada;

- Aseguramiento inmediato de las infraestructuras de prevención y medidas de protección del patrimonio cultural;

- Limpieza de las zonas siniestradas, incluidas las zonas naturales;

- Asistencia rápida, incluida asistencia médica, a la población afectada por una emergencia grave de salud pública y protección de la población frente al riesgo de verse afectada.

Respecto de la ejecución, cumplimenta el procedimiento básico de una subvención seguido de un procedimiento presupuestario. Es decir, que es necesaria la aprobación del Parlamento Europeo y del Consejo y, una vez los créditos estén disponibles, será la Comisión Europea la encargada de firmar un acuerdo con el Estado beneficiario. Debe de anotarse el hecho de que, se podrá pedir un anticipo sobre la cuantía total concedida, aunque con un límite de hasta 100 millones de euros.

No obstante, cabe destacar que, la Comisión Europea deberá presentar un informe anual sobre las actividades del FSUE.

Ante la crisis pandémica del COVID-19, en el año 2020, se amplió el ámbito de este Fondo para cubrir también las emergencias graves de salud pública y se incrementó el límite máximo del anticipo y los requisitos aplicables a la ejecución.

El Fondo de Solidaridad de la Unión Europea (FSUE) destinó en 2021 la cantidad de 385,5 millones de euros para hacer frente a la emergencia sanitaria, añadiéndose esta cantidad a los 132,7 millones de euros abonados en 2020 a los Estados miembros que solicitaron un anticipo de este Fondo de Solidaridad.

## 6.1.4. Fondo de Cohesión

Es otro de los Fondos más importantes dentro de la Unión Europea y encuentra su base jurídica en el artículo 177 del TFUE, concretamente, en el segundo párrafo del citado precepto.

En sus orígenes se creó con el objetivo de reforzar la cohesión económica social y territorial. Sin embargo, para el periodo 2021-2027, así como el anterior periodo, este Fondo financia:

- Las inversiones en medio ambiente, aunque dentro de éstas también se incluyen ayudas en ámbitos relacionados con el desarrollo sostenible como las energías renovables

- Las redes transeuropeas en materia de infraestructuras de transporte

- La asistencia técnica

Este Fondo, a diferencia del FEDER, únicamente está reservado para los Estados miembros cuya renta bruta nacional per cápita no supere el 90 % de la renta bruta nacional media de la Unión. Es decir, estaría dentro del tercer grupo de países menos desarrollados de los fondos FEDER.

También tiene su regulación específica en el Reglamento (UE) 2021/1058 del Parlamento Europeo y del Consejo, de 24 de junio de 2021, relativo al Fondo Europeo de Desarrollo Regional y al Fondo de Cohesión. Y, al igual que ocurría con el caso del FEDER, en el artículo 3 de dicho Reglamento, se regulan los cinco objetivos generales en los que se han dividido estos fondos.

El Fondo de Cohesión podrá financiar proyectos o fases de proyectos que sean técnica y financieramente independientes, o grupos de proyectos vinculados a una estrategia visible que formen un conjunto coherente, que tengan la consideración de gasto público, o equivalentes, incluidos los gastos de los organismos cuyas actividades se emprendan en un marco administrativo o legal que los haga asimilables a los organismos públicos.

El porcentaje máximo de la ayuda concedida por el Fondo de Cohesión se sitúa entre el 80 % y el 85 % de los gastos subvencionables. Excepcionalmente, los estudios preparatorios y las medidas de asistencia técnica podrán financiarse al 100 % del coste total. El porcentaje de ayuda podrá reducirse por la aplicación del principio «quien contamina paga» o cuando un proyecto genere ingresos.

En el período 2021-2027, la Unión Europea tiene asignados un total de 42.600 millones de euros al Fondo de Cohesión, dentro de los cuales únicamente se incluyen Bulgaria, República Checa, Estonia, Grecia, Croacia, Chipre, Letonia, Lituania, Hungría, Malta, Polonia, Portugal, Rumanía, Eslovenia y Eslovaquia.

## 6.1.5. Fondo de Transición Justa

Este Fondo se encuentra regulado en el artículo 175 del Tratado de Funcionamiento de la Unión Europea, pero, a su vez, tiene un Reglamento propio, concretamente, se trata del Reglamento (UE) 2021/1056 del Parlamento Europeo y del Consejo, de 24 de junio de 2021, por el que se establece el Fondo de Transición Justa.

Presenta como objetivo esencial el de apoyar a las regiones en la transición hacia la neutralidad climática. Tuvo su origen en el conocido como «Pacto Verde Europeo» que presentó la Comisión Europea en 2019 y que vino a suponer una herramienta clave para apoyar a los territorios más afectados por la transición a la neutralidad climática y evitar así las diferencias regionales.

Su principal finalidad, tal y como establece su propio Reglamento, es la de contribuir a que las regiones y las personas afronten las repercusiones sociales, laborales y medioambientales de la transición hacia los objetivos para 2030 en materia de energía y clima y una economía de la Unión neutra de aquí a 2050. En definitiva, principalmente se encarga de financiar la diversificación y la modernización de las economías, intentando mitigar las repercusiones que éstas pudieran tener en el empleo.

Este Fondo apoya a todos los Estados miembros y los criterios de asignación se basan en criterios de $CO_2$, empleo, producción y nivel de desarrollo económico.

Se ejecuta en régimen de gestión compartida, implicando una cooperación entre las economías nacionales y regionales. El nivel de cofinanciación se fija en función de la categoría de región, al igual que ocurría en el FEDER, se fija un máximo del 85 % para las regiones menos desarrolladas, que disminuye a un 70 % para las regiones en transición y a un 50 % para las más desarrolladas.

Cuenta con un presupuesto global de 17500 millones de euros para este periodo, aunque siempre será posible complementar este Fondo con otros como el FEDER o el FSE+.

## 6.1.6. Fondo Europeo Agrícola de Desarrollo Rural (FEADER)

El Fondo Europeo Agrícola de Desarrollo Rural financia la contribución de la Unión Europea a los programas de Desarrollo Rural, comprendiendo medidas y proyectos que contribuyen a:

- Aumentar la competitividad en el sector agrícola;
- Gestionar los recursos naturales y la acción por el clima de manera sostenible;
- Lograr un desarrollo territorial equilibrado de las economías y comunidades rurales.

También, proporciona apoyo a las empresas y proyectos rurales a través de algunos instrumentos financieros, tales como préstamos o capitales a través de una línea denominada Fi-Compass.

Los países de la Unión Europea ejecutan la financiación del FEADER a través de Programas de Desarrollo Rural (PDR) que están cofinanciados por los presupuestos nacionales y pueden elaborarse a escala nacional o regional. Cada PDR debe trabajar en favor de, al menos, cuatro de las seis prioridades del FEADER. Así:

1. Promover la transferencia de conocimientos y la innovación en el sector agrícola y el sector silvícola y en las zonas rurales;

2. Mejorar la viabilidad y la competitividad de todos los tipos de agricultura y promover las tecnologías agrícolas innovadoras y la gestión sostenible de los bosques;

3. Promover la organización de la cadena alimentaria, el bienestar de los animales y la gestión de riesgos en la agricultura;

4. Promover la eficiencia de los recursos y apoyar el paso a una economía hipocarbónica y adaptable a los cambios climáticos en los sectores agrícola, alimentario y forestal;

5. Restaurar, conservar y mejorar los ecosistemas relacionados con la agricultura y la silvicultura;

6. Fomentar la inclusión social, la reducción de la pobreza y el desarrollo económico en las zonas rurales.

Puede destacarse que, para el periodo 2021-2027, a través de las medidas adoptadas por la Unión Europea, se ha dotado a este Fondo con una cantidad que se eleva a 386.600 millones de euros.

## 6.1.7. Fondo Marítimo y de Pesca (FEMP)

El Fondo Marítimo y de Pesca es un nuevo Fondo de ayuda a las Políticas marítima, pesquera y acuícola de la Unión Europea.

Se encuentra regulado en su propio Reglamento que, para el periodo 2021-2027, se trata del Reglamento (UE) n.º 2021/1139 del Parlamento Europeo y del Consejo, de 7 de julio de 2021.

En el propio artículo 3 del citado Reglamento, se encuentran recogidos los cuatro objetivos principales que la Unión considera, en relación con estas Políticas:

1. Fomentar la pesca sostenible, la recuperación y conservación de los recursos biológicos acuáticos;

2. Impulsar las actividades sostenibles de acuicultura, así como la transformación y comercialización de los productos de la pesca y la acuicultura, contribuyendo a la seguridad alimentaria de la Unión;

3. Permitir una economía azul sostenible en las zonas costeras, insulares e interiores y fomentar el desarrollo de las comunidades pesqueras y acuícolas;

4. Reforzar la gobernanza internacional de los océanos y permitir que los mares y océanos sean seguros, protegidos, limpios y estén gestionados de manera sostenible.

La E.A.E. es un instrumento previsto en la Directiva 2001/42/CE del Parlamento Europeo y del Consejo, incorporada a la legislación nacional mediante la Ley 9/2006, de 28 de abril, sobre evaluación de los efectos de determinados planes y programas en el medio ambiente.

Esta herramienta tiene como finalidad evaluar la afección al medioambiente de la aplicación del Programa operativo del Fondo Europeo Marítimo, de Pesca y de Acuicultura, para el periodo del 2021-2027.

El FEMP se utilizará para cofinanciar proyectos junto con los Estados miembros. Así, a cada país, se le asignará una parte del presupuesto total del Fondo en función del tamaño de su sector pesquero.

A continuación, cada país deberá elaborar un programa operativo en el que se expondrá cómo planifica gastar los fondos asignados. Se compone de un conjunto coherente de ejes prioritarios formados por medidas plurianuales, para la realización del cuál puede recurrirse a uno o más Fondos, a uno o más instrumentos financieros, así como al Banco Europeo de Inversiones (BEI).

Una vez que la Comisión Europea apruebe dicho programa, serán las autoridades nacionales las encargadas de decidir qué proyectos recibirán financiación.

Por último, señalar que, serán las autoridades nacionales y la Comisión Europea las responsables conjuntamente de la aplicación del mencionado programa.

## 6.2. Otras fuentes de financiación

Existen otro tipo de fuentes de financiación destinadas a servir de apoyo a la Política Regional y de Cohesión. En este sentido, hemos de hacer referencia, entre otros, a las siguientes:

- Instrumentos de Ayuda a la Preadhesión;
- Programa INTERREG;
- Ayuda a la Recuperación para la Cohesión y los Territorios de Europea (REACT-UE);
- Estrategias de Especialización Inteligente;
- Programa InvestEU; y
- Mecanismo de Recuperación y Resiliencia de la Unión Europea;

## 6.2.1. Instrumentos de Ayuda a la Preadhesión (IAP)

El país europeo que haya solicitado su adhesión a la Unión Europea sólo podrá incorporarse una vez se haya confirmado que cumple los criterios establecidos en el Consejo Europeo de Copenhague de 1993 (los conocidos como criterios de Copenhague) y siempre que la Unión tenga la capacidad para integrar al nuevo miembro. Estos criterios son relativos a las siguientes cuestiones:

- la estabilidad de las instituciones que garantizan la democracia, el Estado de Derecho, los derechos humanos y el respeto y la protección de las minorías;

- la existencia de una economía de mercado viable y la capacidad de hacer frente a la presión de la competencia y a las fuerzas del mercado dentro de la Unión;

- la capacidad de asumir no sólo los derechos sino también las obligaciones establecidas en los Tratados, incluida la adhesión a los objetivos de la Unión Política, Económica y Monetaria.

El objetivo del instrumento es preparar a los países beneficiarios para su futura pertenencia a la Unión Europea y apoyar su proceso de adhesión. De esta manera, se garantiza la coherencia y complementariedad de los objetivos y funcionamientos de los países en proceso de preadhesión con los de la Unión.

Se encuentra regulado en el Reglamento (UE) 2021/947 del Parlamento Europeo y del Consejo, de 9 de junio de 2021, por el que se establece el Instrumento de Vecindad, Cooperación al Desarrollo y Cooperación Internacional —Europa Global, por el que se modifica y deroga la Decisión n.º 466/2014/UE del Parlamento Europeo y del Consejo y se derogan el Reglamento (UE) 2017/1601 del Parlamento Europeo y del Consejo y el Reglamento (CE, EURATOM) n.º 480/2009 del Consejo—.

Los objetivos son temáticos y las asignaciones de los presupuestos a cada objetivo se establecen anualmente, para el periodo 2021-2027 han sido fijados los siguientes y en función a los porcentajes que se indican:

1. Agenda verde y conectividad sostenible: 42 %

2. Competitividad y crecimiento inclusivo: 22 %

3. Buena gobernanza, alineación con el acervo europeo, relaciones de buena vecindad y comunicación estratégica: 17 %

4. Estados de derecho, derechos fundamentales y democracia: 15 %

5. Cooperación territorial y transfronteriza: 4 %

Además de estos objetivos, presenta otras finalidades como son, por ejemplo, la protección del medio ambiente, los derechos humanos y la igualdad de género.

Los países beneficiarios del IAP se distribuyen en dos categorías: una destinada a los países candidatos a la Unión Europea, que son subvencionables en todos los objetivos que incluye este instrumento (Turquía, Albania, Montenegro, Serbia y Antigua República Yugoslava de Macedonia) y, otra destinada a los países candidatos potenciales de los Balcanes occidentales (Bosnia y Herzegovina, Kosovo)

## 6.2.2. Programa INTERREG

El programa INTERREG tiene como objetivo mejorar la Política de Cohesión a través del intercambio de experiencias, transferencias de buenas prácticas y las iniciativas conjuntas de los 27 Estados miembros de la Unión Europea, así como Noruega y Suiza.

Está financiado juntamente con el Fondo Europeo de Desarrollo Regional (FEDER).

Este programa proporciona cofinanciación a las instituciones locales y regionales para crear redes de intercambio de experiencias sobre diferentes temas, generando buenas prácticas regionales a nivel europeo. Ahora bien, otras redes tienen como objetivo aplicar dichas buenas prácticas para lograr un efecto positivo en dicha región.

Principalmente se centra en cuatro temas:

1. Investigación, desarrollo tecnológico e innovación;
2. Competitividad de las pymes;
3. Economía hipocarbónica;
4. Medio ambiente y eficiencia en el uso de los recursos.

Este programa cuenta con un presupuesto aproximado de 359 millones de euros correspondientes del FEDER y financia dos tipos de operaciones: en primer lugar, los proyectos de cooperación para que las organizaciones de los distintos países trabajen en colaboración e intercambio en buenas prácticas sobre temas concretos; y, en segundo lugar, las plataformas de aprendizaje de políticas que son espacios de aprendizaje continuo a las que tienen acceso las organizaciones que se encargan del Desarrollo Regional de la Unión Europea.

## 6.2.3. Ayuda a la Recuperación para la Cohesión y los Territorios de Europea (REACT-UE)

Esta ayuda encuentra su base jurídica en los artículos 177 y 322 del Tratado de Funcionamiento de la Unión Europea, así como en el contenido de su propio Reglamento, concretamente, el Reglamento (UE) 2020/2221 del Parlamento Europeo y del Consejo, de 23 de diciembre de 2020, por el que se modifica el Reglamento (UE) 1303/2013 en lo que respecta a los recursos adicionales y las disposiciones de ejecución a fin de prestar asistencia para favorecer la reparación de la crisis en el contexto de la pandemia de COVID-19 y sus consecuencias sociales y para preparar una recuperación verde, digital y resiliente de la economía (REACT-UE).

En julio de 2020, el Consejo Europeo acordó un instrumento excepcional de recuperación temporal conocido como Next Generation EU (Próxima Generación UE), dotado con 750.000 millones de euros para el conjunto de los Estados miembros.

El Fondo de Recuperación garantiza una respuesta europea coordinada con los Estados Miembros para hacer frente a las consecuencias económicas y sociales de la pandemia.

Los fondos pueden utilizarse para conceder préstamos reembolsables por un volumen de hasta 360.000 millones de euros y transferencias no reembolsables por una cantidad de 390.000 millones de euros.

Los dos instrumentos de mayor volumen del Next Generation EU son los siguientes:

- El Mecanismo para la Recuperación y la Resiliencia (MRR): constituye el núcleo del Fondo de Recuperación y está dotado con 672.500 millones de euros, al que ya nos referiremos más adelante.

- El Fondo REACT-EU, que está dotado con 47.500 millones de euros. Los fondos de REACT-EU operan como Fondos Estructurales, pero con mayor flexibilidad y agilidad en su ejecución. REACT-EU promoverá la recuperación ecológica, digital y resiliente de la economía.

Next Generation EU también aportará fondos adicionales a otros programas o fondos europeos, como el Fondo Europeo Agrario de Desarrollo Rural (FEADER) y el Fondo de Transición Justa (FTJ), de los cuales España recibirá 720 y 450 millones de euros, respectivamente.

En la cumbre del Consejo que se celebró los días 17 a 21 de julio de 2020, se aprobó un presupuesto de 47.500 millones de euros para el periodo, aunque en la propuesta de la Comisión se incluía un 5 % adicional.

Los Estados miembros pueden usar esta ayuda como complemento al FEDER, FSE o el Fondo de ayuda para las personas más desfavorecidas. En el caso de los dos primeros sí incluye dentro del objetivo de fomento de inversión en crecimiento y empleo: en el federal, principalmente, para apoyar la inversión en productos sanitarios o apoyo a las pymes; y, en el caso del FSE principalmente al mantenimiento del empleo y el acceso a servicios sociales de interés general.

Los fondos se distribuyen en base a la prosperidad relativa de los Estados y los efectos de la crisis ocasionada por el COVID-19 en cada uno. Para el caso de España, en concreto, se siguen los criterios de distribución que utiliza la propia Unión Europea en relación a los Estados miembros y, además, se tienen en consideración los tres indicadores siguientes:

1. El primero va dirigido a medir el impacto de la pandemia en la riqueza de cada Comunidad Autónoma. Este indicador tiene un peso equivalente a las 2/3 partes del reparto total.

2. El segundo indicador mide el impacto de la crisis en el desempleo, con un peso en el reparto total igual a 2/9 de la asignación.

3. El tercer indicador mide el impacto de la crisis en el desempleo juvenil (15 a 24 años), tiene un peso del 1/9 de la asignación total.

Adicionalmente, se incluye una ayuda para las encuadradas como regiones ultraperiféricas, siendo este el caso de las Islas Canarias.

## 6.2.4. Estrategias de Especialización Inteligente

El concepto de «Especialización Inteligente» (Smart Specialisation) es resultado de la publicación, a finales de 2009, del informe «Knowledge for Growth. Prospects for science, technology and innovation», fruto del trabajo del Grupo Knowledge for Growth - K4G. Este grupo de expertos fue creado en el marco del Espacio Europeo de Investigación – EEI (European Research Area – ERA)

Lo más llamativo de este instrumento es que financia la investigación y la innovación para el desarrollo de los Estados miembros.

Se debe realizar un proceso de análisis y decisión en el que participen todos los agentes del Estado, Administración Pública, empresa y sociedad civil, y debe disponer de un sistema de seguimiento y evaluación para verificar las iniciativas.

Las estrategias de investigación e innovación nacionales y regionales para la especialización inteligente consisten en agendas integradas de transformación económica territorial, que se ocupan de cinco asuntos importantes:

1. Se centran en el apoyo de la política y las inversiones en las prioridades, retos y necesidades clave del país o región para el desarrollo basado en el conocimiento.

2. Aprovechan los puntos fuertes, ventajas competitivas y potencial de excelencia de cada

3. País o región.

4. Respaldan la innovación tecnológica, así como la basada en la práctica, y aspiran a estimular la inversión del sector privado.

5. Involucran por completo a los participantes y fomentan la innovación y la experimentación.

Se basan en la evidencia e incluyen sistemas sólidos de supervisión y evaluación.

Para el período de programación 2021-2027, la Comisión Europea plantea la especialización inteligente como elemento clave para el desarrollo territorial y la mejora de la calidad de vida de los ciudadanos en un entorno de transición industrial, energética y digital.

Con la finalidad de conseguirlo, resulta necesario que todas las políticas e instrumentos de la Unión Europea trabajen juntos y de una manera coordinada, en todos los niveles de gobernanza, con el fin de avanzar hacia un crecimiento resiliente, integrador y sostenible a escala territorial.

## 6.2.5. Programa InvestEU

El programa InvestEU está formado por la asociación de tres Fondos:

1. El Fondo InvestEU. Es un Fondo que reunirá una gama de instrumentos financieros para apoyar la inversión en la Unión Europea.

2. El Centro de Asesoría InvestEU. Se encuentra orientado a la prestación de asistencia técnica a proyectos de inversión que buscan financiación.

3. El Portal investEU. Resulta ser una base de datos de fácil acceso que agrupa a inversores y promotores de proyectos.

Este programa impulsa la innovación y la creación de empleo en Europa y aporta financiación a largo plazo que contribuirá a la recuperación económica. Se enfoca en torno a cuatro ejes de actuación: infraestructuras sostenibles; investigación, innovación y digitalización; pymes e inversión social; y, establecimiento de capacidades.

El Fondo moviliza inversión pública y privada a través de los Presupuestos de la Unión Europea en donde se le asigna una cantidad de 38.000 millones de euros.

Para poder solicitarlo los promotores de los proyectos deberán pedir al Banco Europeo de Inversiones, a sus bancos nacionales o regionales o a otras oficinas de socios financieros como, por ejemplo, el Banco Mundial, la solicitud de estos fondos.

Los socios financieros presentarán una propuesta a la Comisión Europea para instar la garantía de la Unión Europea y será este intermediario local quien tendrá el deber de informar al interesado si la fuente de financiación pretendida y solicitada está cubierta por el Fondo InvestEU.

## 6.2.6. Mecanismo de Recuperación y Resiliencia de la Unión Europea

El 21 de junio de 2020 se creaba el programa NextGenerationEU que supone el mayor instrumento económico que ha financiado hasta la fecha la Unión Europea debido a la crisis que supuso la pandemia del COVID-19. Junto a este instrumento, se encuentra REACT-EU, ya explicado anteriormente.

El Mecanismo de Recuperación y Resiliencia (MRR) tiene como objetivo responder a una de las peores crisis a las que se ha enfrentado Europa y reparar los daños ocasionados por este motivo, además de establecer unos objetivos añadidos para continuar atendiendo a las finalidades transversales que tiene la Unión Europea.

Este Fondo está dotado con 672.500 millones de euros, de los cuales 360.000 estarán destinados a los préstamos y el resto supondrán transferencias no reembolsables. El reparto se realizará dependiendo del impacto de la pandemia sobre cada región en dos tramos: un 70 % según los indicadores económicos antes de la pandemia y el otro 30 % según la evolución que haya tenido cada región en el período 2020-2022.

Este Mecanismo tiene cuatro objetivos principales, a saber:

1. Promover la cohesión económica, social y territorial de la Unión Europea.
2. Fortalecer la resiliencia y la capacidad de ajuste de los Estados miembros.
3. Mitigar las repercusiones sociales y económicas originadas por causa de la crisis pandémica sobrevenida por el COVID-19.
4. Apoyar las dos transiciones en curso, es decir, tanto la ecológica como la digital.

Cada Estado deberá elaborar un plan detallado para poder acogerse a este ayuda. Por ejemplo, en España, país para el que se dispuso la cifra de 140.000 millones de euros, se estructura el reparto en torno a cuatro ejes transversales, a saber:

1. La transición ecológica
2. La transformación digital
3. La igualdad de género
4. La cohesión social y territorial

Estos ejes se articulan, a su vez, en otros diez objetivos palanca a cumplimentar, todos ellos intensamente relacionados con los objetivos de España plasmados en la Agenda 2030.

## 6.3. El Banco Europeo de Inversiones

El Grupo Banco Europeo de Inversiones está constituido por el Banco Europeo de Inversiones (BEI) y el Fondo Europeo de Inversiones.

El Banco Europeo de Inversiones es un organismo financiero de la Unión Europea que tiene como objetivo llevar a cabo la financiación de los proyectos relacionados con los objetivos de la Unión, contribuyendo así a una mayor integración, desarrollo y cohesión económica y social de los Estados.

Está formado por los Estados miembros de la Unión Europea, los cuales deberán de aportar un porcentaje de su capital. A su vez, se compone de cuatro órganos principales de funcionamiento, que serán los que tomen las decisiones, a saber: el Consejo de Gobernadores, el Consejo de Administración, el Comité de Dirección, y el Comité de Auditoría.

El Banco acude a los mercados de capital para conseguir la necesaria captación de fondos que hagan posible la posterior financiación de sus acciones, concediendo préstamos para cumplimentar los objetivos de la Unión Europea, sin embargo, hay que precisar que, como acabamos de poner de manifiesto, su liquidez no se encuentra basada en ninguna partida del Presupuesto de la Unión Europea.

El BEI ofrece tres tipos de productos principales, a saber: los préstamos, que suponen, alrededor, del 90 % del total para apoyar el crecimiento o el empleo; la financiación combinada con otras inversiones; y, por último, el asesoramiento y la asistencia técnica que resulte necesaria para el normal desarrollo de sus actuaciones.

Los objetivos del Banco Europeo de Inversiones son los siguientes:

- Apoyo al desarrollo regional europeo y a la cohesión económica y social.
- Apoyar la economía europea basada en la innovación y el crecimiento.
- Protección del medio ambiente.
- Financiación de las redes transeuropeas.
- Inversión en educación y sanidad.
- Financiación a las pymes europeas.
- Suministrar capital de riesgo a través de su filial (Fondo Europeo de Inversiones).

El Fondo Europeo de Inversiones (FEIG se creó con el objetivo de ayudar a las pequeñas empresas europeas, y su mayor accionista es el Banco Europeo de Inversiones, formando juntos el Grupo Banco Europeo de Inversiones.

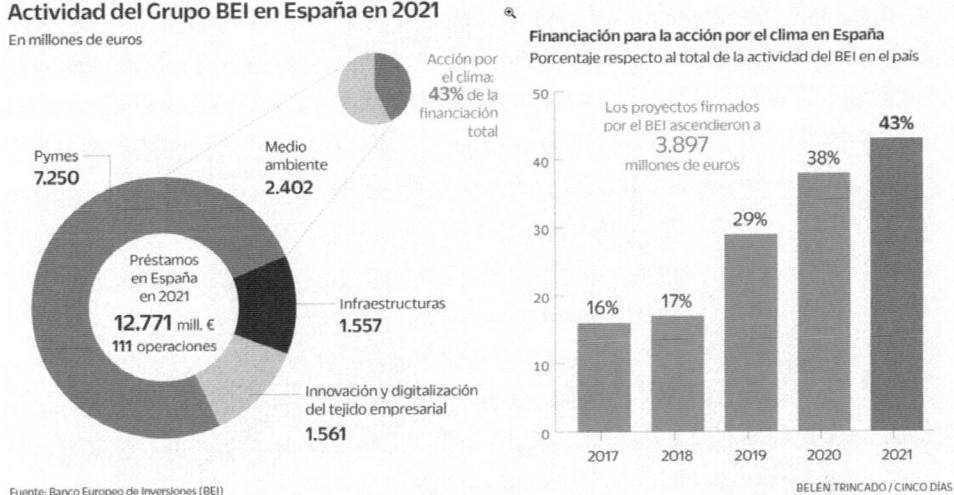

**Actividad del Grupo BEI en España en 2021**

En millones de euros

Acción por el clima: **43%** de la financiación total

Pymes **7.250**

Medio ambiente **2.402**

Préstamos en España en 2021 **12.771** mill. € **111** operaciones

Infraestructuras **1.557**

Innovación y digitalización del tejido empresarial **1.561**

**Financiación para la acción por el clima en España**
Porcentaje respecto al total de la actividad del BEI en el país

Los proyectos firmados por el BEI ascendieron a **3.897** millones de euros

2017: 16%
2018: 17%
2019: 29%
2020: 38%
2021: 43%

Fuente: Banco Europeo de Inversiones (BEI)

BELÉN TRINCADO / CINCO DÍAS

Las PYMES españolas fueron las que más recursos recibieron durante los pasados años por parte del Banco Europeo de Inversiones, por un total de 7.250 millones de euros, un volumen sin precedentes. Esta cifra supone un incremento del 73 % respecto a 2020 y representa el 57 % del total de la financiación recibida por España por parte de la institución.

El foco de la financiación del BEI estuvo en los proyectos vinculados a la transición energética, a las infraestructuras, la digitalización y a la salud. La sostenibilidad acaparó el 43 % de la financiación concedida por el BEI a España lo que encaja con el objetivo de la institución de que, desde 2025 en adelante, la mitad de sus recursos se destinen a acciones en defensa del clima.

La innovación y la digitalización fue otro de los focos de la financiación del BEI, área en la que destacan los 57,5 millones de euros concedidos a Prosegur para su transformación digital.

## Principales programas y fondos del marco financiero plurianual

En millones de euros (precios de 2018)

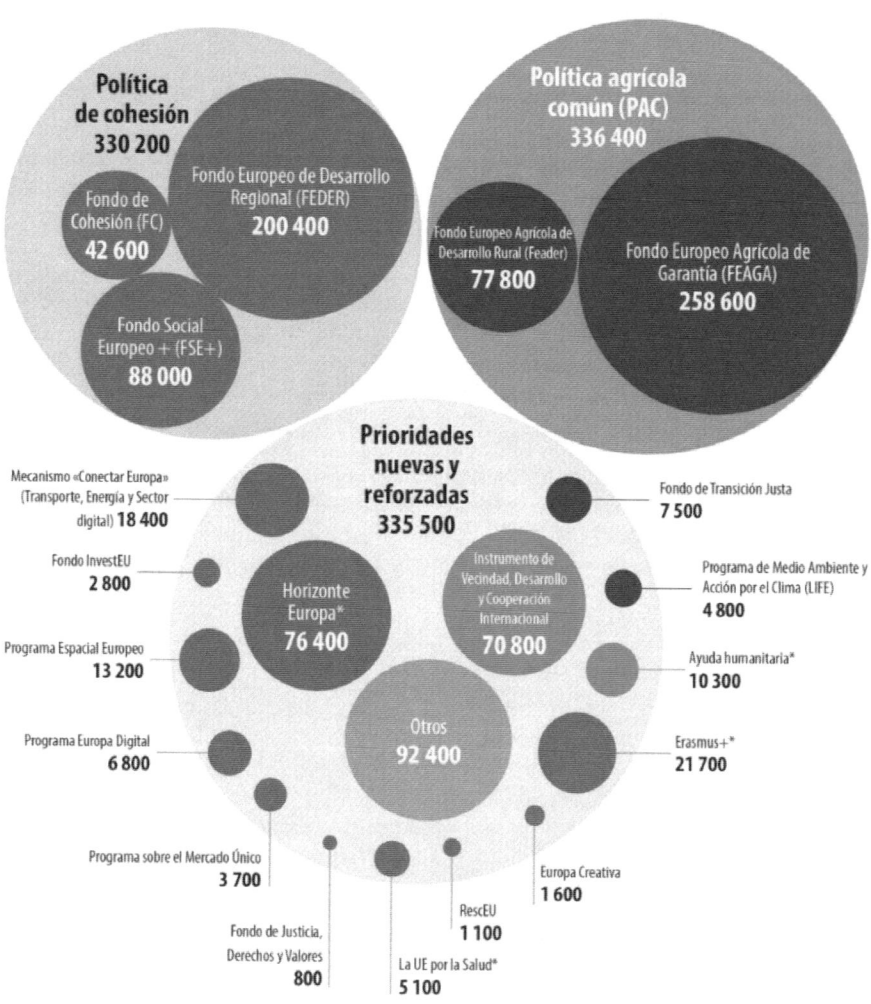

**Política de cohesión** 330 200
- Fondo de Cohesión (FC) 42 600
- Fondo Europeo de Desarrollo Regional (FEDER) 200 400
- Fondo Social Europeo + (FSE+) 88 000

**Política agrícola común (PAC)** 336 400
- Fondo Europeo Agrícola de Desarrollo Rural (Feader) 77 800
- Fondo Europeo Agrícola de Garantía (FEAGA) 258 600

**Prioridades nuevas y reforzadas** 335 500
- Mecanismo «Conectar Europa» (Transporte, Energía y Sector digital) 18 400
- Fondo InvestEU 2 800
- Programa Espacial Europeo 13 200
- Programa Europa Digital 6 800
- Programa sobre el Mercado Único 3 700
- Fondo de Justicia, Derechos y Valores 800
- La UE por la Salud* 5 100
- RescEU 1 100
- Europa Creativa 1 600
- Erasmus+* 21 700
- Ayuda humanitaria* 10 300
- Programa de Medio Ambiente y Acción por el Clima (LIFE) 4 800
- Fondo de Transición Justa 7 500
- Horizonte Europa* 76 400
- Instrumento de Vecindad, Desarrollo y Cooperación Internacional 70 800
- Otros 92 400

# 7.

# COOPERACIÓN Y ESTRATEGIAS EN ÁMBITOS REGIONALES

Como se ha ido mencionando a lo largo de los diversos capítulos de la presente obra, la Política Regional ha venido presentando multitud de objetivos, metas y prioridades a lo largo de la historia. Mientras que, por ejemplo, con la Estrategia Europa 2020, la Cooperación Territorial era en sí uno de los tres objetivos principales de la Política Regional, la Agenda Territorial 2030 la concibe como una prioridad dentro del objetivo Una Europa Justa.

Ello pone de manifiesto que, sea como sea que esta prioridad se incluya dentro de las agendas territoriales y estrategias europeas, la Cooperación Territorial constituye uno de los puntos claves de la Política Regional en la actualidad.

La Cooperación Territorial queda dividida, tradicionalmente, en tres componentes, en concreto, la transfronteriza, la transnacional y la interregional, cada una de ellas con especialidades y objetivos que la diferencian de las otras. No obstante, y antes de abordar cada una de ellas, cabe mencionar algunas similitudes.

En primer lugar, la Cooperación Territorial queda regulada con carácter general en el Reglamento (UE) n.º 1299/2013, donde se liga el cumplimiento de este objetivo al FEDER (artículo 1 del Reglamento) y las AECT, especialmente en el plano interregional.

Por otro lado, se distinguen en Europa cuatro tipos de regiones, a saber:

a) Regiones de zonas centrales.

b) Regiones de zonas medias.

c) Regiones de zonas periféricas.

d) Regiones de zonas ultraperiféricas.

Según la Nomenclatura de las Unidades Territoriales Estadísticas, llamadas NUTS y desarrolladas por la Eurostat, se hablará de grandes regiones o NUTS 1 cuando un territorio tenga más de tres millones de habitantes; regiones o NUTS 2 cuando tenga entre ochocientos mil y tres millones de habitantes; provincias o NUTS 3, cuando haya menos de ochocientos mil habitantes.

La clasificación NUTS 4 a 7, es decir, comarcas, ayuntamientos, distritos y barrios, no se llega a usar prácticamente. Sin embargo, los Estados miembros sí que podrán crear dos niveles de Unidades Administrativas, llamadas LAU 1 y 2, de carácter local o subregional.

La utilidad de las NUTS es meramente estadística y administrativa, pero el Reglamento (UE) n.º 1299/2013, emplea esta clasificación del Eurostat como forma de determinar cuándo una región es elegible para los programas y ayudas de los Fondos EIE, y dentro de qué ámbito de la Cooperación Territorial se encuentra cada área.

Si bien es el FEDER el Fondo que opera, principalmente, en este ámbito, el FC y el FSE también tienen cierta incidencia en él. El artículo 4 del citado Reglamento, sobre los recursos para la Cooperación Territorial, previó que, para el periodo 2014-2020, se destinase a la cooperación transfronteriza el 74'05 % de los recursos destinados a este objetivo, es decir, un 2'75 % de los recursos totales del FEDER, FSE y FC, un 20'36 % a la transnacional y un 5'59 % a la interregional[123].

La Cooperación Territorial se articula a través de programas marco.

El artículo 22 del Reglamento (UE) n.º 1299/2013 prevé que, los Estados miembros deleguen la responsabilidad de la gestión de un programa de cooperación o de parte de este sobre una AECT.

Los Reglamentos (CE) n.º 1082/2006, sobre la Agrupación Europea de Cooperación Territorial (AECT), y (UE) n.º 1302/2013, por el que se modifica el anterior, contienen las disposiciones básicas de estos organismos que intervienen en los programas de Cooperación Territorial pero cuya mayor relevancia se da en el ámbito interregional.

Con la nueva regulación europea, cabe la posibilidad de que las AECT cooperen con terceros Estados no miembros de la Unión[124].

---

123 Artículo 4 Reglamento (UE) n.º 1299/2013. Asimismo, *vid.* MOLINA DEL POZO C.F.: *Los municipios y las regiones en la Unión Europea*, Edita Juruá, Curitiba-Lisboa, 2023; MOLINA DEL POZO C.F.: *Instituciones, órganos y organismos de la Unión Europea*, Edita Tirant lo Blanch, Valencia, 2023; MOLINA DEL POZO C.F.: *Derecho de la Unión Europea*, Editorial Reus, 8.ª edición, Madrid, 2024, *op. cit.*, págs. 579 a 598

124 Preámbulo del Reglamento (CE) 1082/2006, inciso 16: «El artículo 159, párrafo tercero, del Tratado no permite que la legislación basada en esa disposición incluya entidades de países terceros. Sin embargo, la adopción de una medida comunitaria que posibilite crear una AECT no debe excluir la posible participación de entidades de países terceros en una AECT constituida con arreglo al presente Reglamento, en caso de que así lo permitan la legislación de un país tercero o los acuerdos entre Estados miembros y países terceros».

## 7.1. Cooperación Transfronteriza

El artículo 2 del Reglamento (UE) n.º 1299/2013 define la cooperación transfronteriza como aquélla entre regiones adyacentes terrestres y marítimas que favorezca el desarrollo regional integrado entre éstas, ya sean de dos o más Estados miembros, o entre regiones fronterizas vecinas de al menos un Estado miembro y un país tercero en las fronteras exteriores de la Unión, distintas de las cubiertas por programas en el marco de los instrumentos financieros externos de la Unión.

En consecuencia, y según lo analizado anteriormente, se incluyen en la categoría NUTS 3, con menos de ochocientos mil habitantes, a lo largo de todas las fronteras terrestres interiores y exteriores, siempre que no formen parte de ningún programa marco de un instrumento financiero externo de la Unión, así como las regiones NUTS 3 a lo largo de las fronteras marítimas separadas por una distancia máxima de 150 kilómetros.

Corresponde a la Comisión Europea mediante la adopción de un acto ejecutivo y previo procedimiento consultivo del artículo 150, apartado 2, del Reglamento (UE) n.º 1303/2013, elaborar un listado de todas las regiones europeas que entran dentro de la cooperación transfronteriza, debiendo especificar a qué programa están sujetas. Como excepción a esto, se prevé que los Estados miembros puedan solicitar que las zonas marítimas de sus regiones ultraperiféricas sean incluidas en las zonas de cooperación transfronteriza, siempre que se sitúen a lo largo de fronteras marítimas separadas por más de 150 km.

Excepcionalmente, también, los programas transfronterizos de cooperación podrán aplicarse a regiones de Noruega, Suiza, Liechtenstein, Andorra, Mónaco y San Marino, y a países terceros o territorios vecinos de las regiones ultraperiféricas, todos los cuales serán equivalentes a las regiones del nivel NUTS 3[125].

Los programas de cooperación en ámbito transfronterizo que estén financiados por el FEDER deberán concentrarse en no más de cuatro de los objetivos temáticos previstos en el artículo 9 del Reglamento (UE) n.º 1303/2013.

Asimismo, el FEDER podrá también perseguir en el marco de la cooperación transfronteriza los siguientes objetivos temáticos, previstos en el artículo 7 del Reglamento (UE) n.º 1299/2013:

- promover el empleo duradero y de calidad y apoyar la movilidad laboral mediante la integración de los mercados de trabajo transfronterizos, incluida la movilidad transfronteriza, las iniciativas conjuntas de

---

Asimismo, *vid.* MOLINA DEL POZO C.F.: *Instituciones, órganos y organismos de la Unión Europea*, Edita Tirant lo Blanch, Valencia, 2023.

125   Artículo 3.2 Reglamento (UE) n.º 1299/2013.

empleo a nivel local, los servicios de información y de asesoramiento y la formación conjunta;

- fomentar la inclusión social y luchar contra la pobreza y cualquier forma de discriminación mediante la promoción de la igualdad entre hombres y mujeres y de la igualdad de oportunidades y la integración de comunidades a través de las fronteras;

- invertir en educación, formación y formación permanente para la adquisición de capacidades y el aprendizaje permanente mediante el desarrollo y la aplicación de programas conjuntos de educación, formación profesional y formación;

- mejorar la capacidad institucional de las autoridades públicas y las partes interesadas y la eficiencia de la Administración Pública mediante la promoción de la cooperación jurídica y administrativa y la cooperación entre los ciudadanos y las instituciones.

La programación de la cooperación transfronteriza se basa en programas de cooperación centrados en ejes prioritarios. Dichos ejes se corresponden con alguna de las prioridades del artículo 9 del Reglamento (UE) n.º 1303/2013 e incluye alguna o varias de las mencionadas anteriormente.

Los programas deberán concordar con el MEC desarrollado en el anexo I del Reglamento (UE) n.º 1303/2013, debiendo justificarse, además, la elección de los objetivos temáticos, las prioridades de inversión y las dotaciones financieras correspondientes en base a un análisis de las necesidades en la zona del programa en su conjunto y la estrategia elegida como respuesta a dichas necesidades.

Deberán, igualmente, identificarse a las autoridades de gestión, control y auditoría y el reparto de responsabilidades entre los Estados miembros participantes en el caso de correcciones financieras impuestas por la autoridad de gestión o la Comisión, entre otras cosas.

En el ámbito transfronterizo europeo, mencionamos a título ejemplificativo el programa PEACE entre las regiones de Irlanda y Reino Unido, en concreto, las regiones fronterizas entre Irlanda e Irlanda del Norte[126].

---

126 Preámbulo del Reglamento (UE) 2021/1059, inciso 21: «En el contexto de las circunstancias singulares y específicas en la isla de Irlanda, y con vistas a apoyar la cooperación Norte-Sur en virtud del Acuerdo del Viernes Santo, un programa transfronterizo PEACE PLUS ha de proseguir la labor de los programas anteriores entre los condados limítrofes de Irlanda e Irlanda del Norte y afianzarla. Teniendo en cuenta su importancia práctica, es necesario garantizar que, cuando dicho programa actúe en apoyo de la paz y la reconciliación, el FEDER también contribuya a fomentar la estabilidad y la cooperación en las áreas social, económica y regional en las regiones afectadas, especialmente mediante acciones que promuevan la cohesión entre las comunidades. Habida cuenta de las especificidades de dicho programa, debe gestionarse de forma integrada con la incorporación de la contribución del Reino Unido a dicho programa como ingresos afectados externos. Además, determinadas normas de selección de las operaciones que se prevén en el presente Re-

En este contexto, el FEDER promoverá la estabilidad social, económica y regional en estas regiones mediante acciones que fomenten la cohesión entre ellas[127].

España mantiene programas de cooperación transfronteriza con Francia y Portugal. La base de esta cooperación está, por un lado y al margen de la Unión Europea, en el Tratado de Madrid del 22 de diciembre de 1981, por el que se desarrolla el Convenio Marco Europeo del Consejo de Europa. El Convenio Marco Europeo, en el caso de España, se concretó en dos tratados internacionales distintos que han de ser considerados fuente convencional obligatoria del Derecho de la Unión en tanto que son convenios firmados entre Estados miembros.

El primero de ellos, firmado con Francia en 1997, es el Tratado de Bayona, por el que se refuerza la cooperación transfronteriza entre comunidades y autoridades territoriales de los dos Estados. El segundo de ellos, firmado con Portugal en el 2003, es el Tratado de Valencia, con el mismo objetivo.

Actualmente, y según datos del Ministerio de Política Territorial, hay un total de 62 convenios firmados a raíz de los dos acuerdos, algunos de carácter local, otro regional y otros de carácter mixto.

En el ámbito transfronterizo puramente comunitario, se han creado las siguientes AECT entre regiones españolas y portuguesas, así como regiones españolas y francesas[128]:

- Galicia-Norte de Portugal.
- Duero-Douro.
- ZAS-NET.
- Pirineos-Mediterráneo.
- Pirineos-Cerdanya.
- Archipiélago del Mediterráneo (ARCHIMED).
- Hospital de la Cerdanya.
- Eurocidade Chaves-Verín.
- Eurorregión Aquitania-Euskadi-Navarra.
- Faja Pirítica Ibérica.
- Ciudades de la Cerámica (AEuCC).

---

glamento no deben aplicarse a dicho programa en relación con operaciones destinadas a apoyar la paz y la reconciliación».

127 Artículo 14 del Reglamento (UE) 2021/1059.

128 MINISTERIO DE POLÍTICA TERRITORIAL, COOPERACIÓN TRANSFRONTERIZA Y TERRITORIAL. «Las Agrupaciones Europeas de Cooperación Territorial» https://www.mptfp.gob.es/dam/es/portal/politica-territorial/internacional/cooperacion/AECT/parrafo/MAPA_AECT_ESPANA.pdf. [Fecha de consulta: 9 de julio de 2022]

- Red Europea de Conocimiento Urbano (EUKN EGTC).
- País Transfronterizo de Arte e Historia. Los valles catalanes del Tec y el Ter.
- León-Bragança.
- European Mycological Institute (EMI).
- Interpal-Medio Tejo.
- Eurociudad del Guadiana.
- Río Miño.
- Pirineos-Pyrénées.

## 7.2. Cooperación Transnacional

La cooperación transnacional ha formado parte de las actividades que financia el FSE desde 1957, sin embargo, han sido distintas las formas de intervención que han ido variando desde un mero intercambio de información o conocimientos entre los Estados miembros hasta la búsqueda de soluciones frente a los problemas similares a los que se enfrentan los distintos países en las políticas nacionales.

Esto se ha visto reflejado en el valor añadido aportado por la cooperación transnacional como el refuerzo de las relaciones interculturales, la comprensión mutua y la facilitación de la cohesión y sostenibilidad en la Unión Europea o, incluso, la creación de un impacto en el ámbito local, regional y nacional como consecuencia del estatus y credibilidad, conseguido con la participación de actores extranjeros.

En definitiva, la construcción de un consenso ante los desafíos compartidos a nivel europeo en los distintos ámbitos del Fondo Social Europeo, es decir, empleo, inclusión social, educación y otros actores relevantes en el desarrollo de las políticas nacionales.

La cooperación transnacional fomenta las asociaciones muy integradas, cuyo impacto supera las fronteras nacionales para lograr así una cooperación transnacional. Estas acciones representan a los gobiernos y administraciones en sus diferentes niveles, así como organismos del sector público y privado y distintas áreas de la política.

En la Unión Europea existen 15 espacios de cooperación transnacional, y siguiendo ciertas condiciones terceros países vecinos también pueden formar parte de estos espacios de cooperación y beneficiarse de la financiación.

El programa de cooperación transnacional se financia a través de los fondos europeos de Desarrollo Regional (FEDER) en el marco del objetivo de cooperación territorial europea. Durante el periodo de programación 2014-2020, se otorgaron más de 2100 millones de euros para la cooperación transnacional.

Cabe mencionar que, tras la invasión militar de Rusia en Ucrania, la Comisión Europea ha decidido suspender los programas de cooperación transfronteriza del instrumento europeo de vecindad, así como el programa INTERREG con las regiones rusas y bielorrusas.

También en los últimos meses ha adquirido gran importancia la delincuencia organizada transnacional. En octubre de 2022 se celebró la ceremonia inaugural de la «capacitación en materia de Crimen Organizado Transnacional y Grupos en Situación de Vulnerabilidad en América Latina», impartida por el Programa de Asistencia contra el Crimen Transnacional Organizado (PAcCTO) Europa–Latinoamérica, donde se habló sobre la existencia de un programa europeo que trabaja en toda la cadena penal, para fortalecer la cooperación internacional a través de tres componentes: cooperación policial, sistemas de justicia y sistemas penitenciarios, al mismo tiempo que en cinco ejes transversales como cibercrimen, corrupción y lavado de activos.

Junto con esto, se han realizado numerosas reuniones entre presidentes de diferentes países, sobre todo de Latinoamérica, de las que cabe destacar, además, en febrero del 2023, la reunión entre el presidente de Ecuador y la comisario europeo de Asuntos del Interior, donde se reforzo la cooperación en materia de seguridad y lucha contra el crimen organizado, poniendo el puerto de Guayaquil en el foco y la seguridad, tanto de América Latina como de la Unión Europea como una prioridad compartida entre ambos[129].

En el periodo de programación 2014-2020, la normativa comunitaria mencionaba de forma explícita la obligación a nivel estatal de desarrollar la cooperación transnacional: el artículo 10 del Reglamento 1304/2013 del Fondo Social Europeo establecía que los Estados miembros apoyarían la cooperación transnacional con el objetivo de promover el aprendizaje mutuo, aumentando así la eficacia de las políticas financiadas por el FSE.

Además, la función de la Comisión de coordinación de la transnacionalidad se vio reforzada a través de la creación de una plataforma a escala de la Unión Europea y la definición de un marco de ejecución con el objetivo de crear asociaciones transnacionales.

---

129 EL ECONOMISTA. «Cooperación internacional es la única vía para combatir el crimen organizado de manera efectiva, coinciden especialistas» https://www.eleconomista.com.mx/politica/Cooperacion-internacional-es-la-unica-via-para-combatir-el-crimen-organiza-do-de-manera-efectiva-coinciden-especialistas-20221006-0082.html, [Fecha de consulta: 26 de junio de 2023]

## 7.2.1. Fase 2016-2019: convocatorias y redes temáticas

El marco coordinado de ejecución posibilitó la publicación de 2 convocatorias, en 2016 y en 2018, en las que se subvencionaron proyectos en los que participaba al menos un elemento transnacional.

Asimismo, se seleccionaron unos temas comunes que construyeron la base de nueve redes temáticas. Dichas redes ya fueron mencionadas en el período 2007-2013, tiempo en el que se denominaban redes de aprendizaje.

## 7.2.2. Fase 2020-2022: comunidades de práctica

La plataforma de la transnacionalidad se ha transformado en este periodo, centrándose en las nueve redes temáticas mencionadas anteriormente.

Sin embargo, se vieron transformadas en cuatro comunidades de práctica en las que las personas que representan a los distintos Estados miembros comparten sus dudas, ideas o entusiasmo en torno a las materias que conforman el FSE, intercambiando experiencias y conocimientos de forma continuada y apoyándose mutuamente en la gestión práctica de los Fondos. Estas comunidades de práctica son:

- Empleo, educación y competencias.
- Inclusión social.
- Gestión orientada a resultados.
- Innovación social.

Además de servir de foro de encuentro, intercambio y aprendizaje mutuo entre los Estados miembros, otra de las aspiraciones de la cooperación es producir resultados concretos que se materialicen en publicaciones de utilidad para todas las personas que participan en el proceso de ejecución del FSE.

## 7.2.3. La comunidad FEAD

La comunidad FEAD, creada en 2016, es una red abierta cuyos miembros proporcionan asistencia a las personas más desfavorecidas en Europa.

Entre sus miembros figuran:

- Autoridades nacionales de gestión del FEAD.
- Organizaciones participantes o interesadas en las actividades financiadas por el FEAD
- ONG de la Unión.

- Instituciones de la Unión Europea.

Se trata de un espacio para compartir buenas prácticas e impulsar nuevas ideas. Está concebida como un foro para el intercambio de buenas prácticas entre sus miembros, el estímulo de nuevas ideas y el debate sobre cómo prestar asistencia material básica y medidas de acompañamiento para la inclusión social, a la población más desfavorecida de la Unión.

Por otro lado, como hemos referido con anterioridad, el objetivo de la cooperación transnacional es el desarrollo territorial integrado, así como el intercambio de ideas entre los países. En este sentido, encontramos quince programas operativos:

- El **programa Interreg Sudoe** apoya el desarrollo regional en Europa sudoccidental, financiando proyectos transnacionales a través del FEDER. El Programa promueve la cooperación transnacional para resolver problemas comunes en el territorio cubierto, como la baja inversión en investigación y desarrollo, la débil competitividad de las pequeñas y medianas empresas y la exposición al cambio climático y a los riesgos ambientales. Los proyectos que aprueben se centraran en uno de los cinco ejes que constan en el programa como son:

  - Investigación e innovación.

  - Competitividad de las PYME.

  - Economía baja en carbono.

  - Lucha contra el cambio climático.

  - Medio ambiente y eficiencia de los recursos.

- El **Programa Periferia Norte y Ártico** 2014-2020. Forma una cooperación entre nueve países socios del programa: los Estados miembros de Finlandia, Irlanda, Suecia y el Reino Unido (Escocia e Irlanda del Norte) en cooperación con las Islas Feroe, Islandia, Groenlandia y Noruega. Tiene como objetivo ampliar los horizontes de las regiones, basándose en resultados concretos y permitiendo que el área del programa sea una región de primera clase para vivir, estudiar, trabajar, visitar e invertir. La visión del programa es ayudar a generar comunidades vibrantes, competitivas y sostenibles, aprovechando la innovación, ampliando la capacidad de emprendimiento y aprovechando las iniciativas y oportunidades de crecimiento únicas de las regiones del norte y el Ártico de una manera eficiente en el uso de los recursos.

- El **programa Interreg NWE** (North-West Europe). Compuesta por siete países (Bélgica, Francia, Alemania, Irlanda, Luxemburgo, Países Bajos y Suiza), que han confirmado su participación en el futuro programa Interreg para Europa Noroccidental. El acuerdo de estos países se ha centrado en cinco prioridades:

  - Clima y medio ambiente.

- Transición energética.

- Economía circular.

- Innovación y resiliencia.

- Sociedad inclusiva.

• El **Programa Interreg del Mar del Norte**: lo forman países miembros de dicho Interreg, que han establecido prioridades de financiación reflejando cuestiones que afectan en concreto a esta zona. Apoyan todo tipo de acciones que contribuyan a:

- Construir economías inteligentes y robustas.

- Acelerar la transición verde.

- Fomentar la resiliencia climática, un medio ambiente limpio y una rica biodiversidad.

- Mejorar la gobernanza de la cooperación.

• El **programa Interreg para el Océano Índico** tiene por objeto reforzar la integración regional en el Océano Índico y hacer frente a los retos de codesarrollo de los países de la zona. Se refiere a la cooperación entre Reunión, Mayotte y los siguientes países: Madagascar, Seychelles, Mauricio, Comoras, Mozambique, Tanzania, Kenia, Maldivas, India, Australia, Territorios Australes y Antárticos Franceses.

• El **programa Interreg euro-MED** apoya la cooperación a través de las fronteras mediterráneas. Aportan fondos para proyectos desarrollados y gestionados por Administraciones Públicas, universidades, organizaciones privadas y de la sociedad civil. El programa reúne a socios de 69 regiones de 14 países de la orilla norte del Mediterráneo con un objetivo común: una sociedad climáticamente neutra y resiliente en beneficio de sus ciudadanos. Financia proyectos dispuestos a aportar soluciones para responder a cuatro misiones complementarias, además de poner el medio ambiente en el centro de cada misión:

- Fortalecimiento de una economía sostenible innovadora.

- Proteger, restaurar y valorizar el entorno natural y el patrimonio.

- Promoción de zonas verdes.

- Mejorar el turismo sostenible.

• El **Programa Transnacional del Danubio** promueve la cohesión económica, social y territorial en la región del Danubio, a través de la integración de políticas en ámbitos seleccionados. Se estructura en cuatro ejes prioritarios (un quinto eje prioritario está relacionado con la asistencia técnica del programa transnacional para el Danubio) que pretenden desarrollar políticas y acciones coordinadas en el ámbito del programa que refuercen los compromisos de la Estrategia Europa 2020 hacia las tres dimensiones de un crecimiento inteligente, sostenible e integrador.

- El **programa Interreg de Europa Central** fomenta y apoya la cooperación transnacional para hacer que las regiones sean más resilientes. Contribuyen a una Europa central más unida que coopere, para ser más inteligente, más verde, más integrada y lograr una mejor conexión entre todos ellos, basándose en necesidades compartidas y una identidad común.

- El **programa Interreg Caribe**, es un programa especial de cooperación: tiene como objetivo fortalecer la cooperación entre los territorios europeos (Guadalupe, Guayana Francesa, Martinica y San Martín) y los territorios y estados del Caribe (más de 40). Es un programa de asociación, debido a que es gestionado por la Región de Guadalupe juntamente con los socios europeos y socios del Caribe. Al crear espacios para intercambios regulares entre socios, el Programa contribuye a la integración del espacio del Caribe.

- El **programa Interreg del Mar Báltico** está estructurado en torno a cuatro prioridades. Se trata de orientar a los socios para lograr lo máximo cuando cooperan a través de las fronteras:

  – Sociedades innovadoras.

  – Sociedades inteligentes con el agua.

  – Sociedades climáticamente neutras.

  – Gobernanza de la cooperación.

- El **programa Interreg ADRION** es un programa transnacional europeo que invierte en sistemas regionales de innovación, patrimonio cultural y natural, resiliencia ambiental, transporte y movilidad sostenibles, así como en desarrollo de capacidades. Reúne a las regiones del mar Adriático y Jónico

- El **programa Interreg Alpine Space** financia proyectos de cooperación a través de las fronteras de siete países alpinos. Aborda los desafíos comunes y mejora la calidad de vida de los 80 millones de habitantes de la región alpina. El programa se dirige a las autoridades a nivel nacional, regional y local, a las instituciones de educación superior, así como a las empresas, las organizaciones de apoyo a las empresas, las ONG y las asociaciones.

- El **programa Interreg Amazonia** es uno de los componentes de cooperación transnacional, dedicado a establecer y/o fortalecer la cooperación con Guyana, Amazonas y Perú, y da prioridad a las acciones de investigación y creación de redes.

- El **programa BalkanMed** es un Programa de cooperación, con la voluntad de los países participantes «Balcanes-Mediterráneos» de promover la cooperación en la zona. El programa reúne a cinco países, tres Estados miembros de la Unión Europea (Bulgaria, Chipre y Grecia) y dos países candidatos, Albania y la República de Macedonia del Norte. Teniendo en cuenta el análisis territorial, así como los resultados del proceso de consulta pública, las principales necesidades y desafíos compartidos por los actores del Programa pueden agruparse en los siguientes epígrafes: desarrollo socioeconómico y demografía, medio ambiente y cambio climático, patrimonio natural y cultural.

- El **Espacio Atlántico Interreg** se encarga del compromiso con las regiones atlánticas en el apoyo de iniciativas innovadoras que contribuyan al crecimiento de esta zona, resolviendo desafíos comunes a través de la frontera a través de la implementación de acciones conjuntas, el intercambio de buenas prácticas y la contribución a políticas nuevas o actuales.

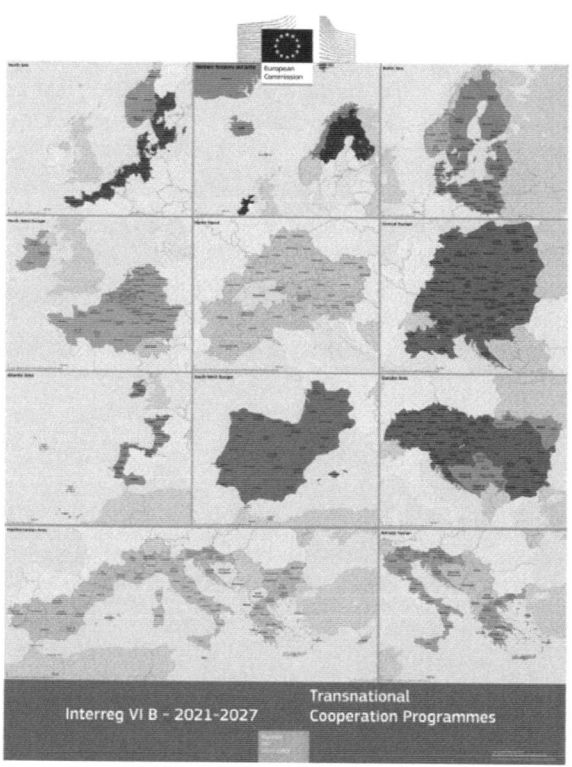

**Ilustración. COMISIÓN EUROPEA: Interreg
B - Cooperación transnacional**[130]

---

130  COMISIÓN EUROPEA. «Interreg B - Cooperación transnacional» https://ec.europa.eu/regional_policy/policy/cooperation/european-territorial/trans-national_en, [Fecha de consulta: 13 de junio de 2023]

# 7.3. Cooperación Interregional

El artículo 2.3) del Reglamento (UE) n.º 1299/2013 regula la cooperación interregional. El mismo precepto indica que, dicha cooperación, con la finalidad de reforzar la eficacia de la Política de Cohesión, tendrá por objetivo esencial fomentar las siguientes cuestiones:

a) el intercambio de experiencias en lo relativo al desarrollo de las regiones (art. 174 del TFUE) entre los socios de toda la Unión Europea. El aludido intercambio puede llevarse a cabo en cualquiera de las siguientes materias: la identificación y difusión de buenas prácticas con vistas a su transferencia, principalmente, a programas operativos en el marco del objetivo de inversión para el crecimiento y el empleo, pero también, cuando sea pertinente, a programas de cooperación;

b) el intercambio de experiencias en todo lo relativo al desarrollo urbano sostenible, incluidos los vínculos entre los ámbitos urbano y moral;

c) el intercambio de experiencias relativas a la identificación, transferencia y difusión de buenas prácticas y de enfoques innovadores en relación con la ejecución de programas y acciones de cooperación, así como con el recurso a las AECT;

d) el análisis de las tendencias de desarrollo en relación con los objetivos de cohesión territorial, incluidos los aspectos territoriales de la cohesión económica y social, así como el desarrollo armonioso del territorio de la Unión mediante estudios, recogida de datos y otras medidas.

En conclusión, persigue mejorar el desarrollo regional de la Unión, mediante las transferencias de conocimiento técnico y el intercambio de experiencias entre regiones.

Forma parte del objetivo de la cooperación territorial de la Política de Cohesión para 2014-2020, que, actualmente, se extiende a los periodos 2021-2027.

Dicho programa proporciona un marco de trabajo para la cooperación entre los agentes locales y regionales en la UE-27, Suiza y Noruega.

Los programas son cofinanciados por el FEDER en las franjas de cooperación interregional del objetivo de cooperación europea:

- URBACT: creación y apoyo a las redes ciudadanas y al desarrollo urbano.

- INTERACT: apoyo e intercambio de buenas prácticas entre las autoridades encargadas de ejecutar los programas de cooperación.

- ESPON: observatorio de la ordenación del territorio.

La Interreg C funciona a nivel paneuropeo, abarcando a todos los Estados miembros de la Unión Europea y a los Estados socios. Crea redes para desarrollar buenas prácticas y facilitar el intercambio y la transferencia de experiencias por regiones exitosas. Viene a suponer un instrumento muy eficaz para fortalecer la cohesión y para superar los desafíos presentes y futuros.

Interreg VI C 2021-2027 incluye cuatro programas de cooperación interregional: Interreg Europe, Interact, Urbact y Espon. Todos ellos tienen el objetivo de aumentar la capacidad de los responsables políticos para desarrollar y aplicar mejores políticas regionales.

Cabe destacarse el Interreg Europe, con un presupuesto total de más de 470 millones de euros, de los cuáles 379 millones fueron financiados por la Unión.

Los representantes de los Estados miembros de la Unión, Noruega y Suiza cooperarán conjuntamente para alcanzar una mejor gobernanza de la cooperación, especialmente, para mejorar la capacidad institucional de las autoridades públicas.

Este programa ayudará a las autoridades regionales a mejorar sus políticas de desarrollo regional, incluidos sus programas de los Fondos Estructurales.

Las regiones tendrán la posibilidad de intercambiar sus experiencias, sobre una gama más amplia de cuestiones de desarrollo regional que en 2014-2020, ya que el programa incluye los cinco objetivos políticos.

Sin embargo, los fondos se destinarán a los ámbitos políticos más relevantes y urgentes para las regiones de Europa: «Una Europa más inteligente, una Europa más verde y una Europa más social, incluido el apoyo a los mercados de trabajo, la asistencia sanitaria y la cultura y el turismo sostenible».

Por una parte, el programa apoyará proyectos de cooperación interregional entre agentes de la Política Regional para encontrar soluciones a sus retos regionales mediante el desarrollo de capacidades, la transferencia de experiencias y buenas prácticas, enfoques innovadores con el objetivo específico de preparar la integración de las enseñanzas extraídas de la cooperación en las políticas y acciones regionales.

Por otra parte, el programa seguirá facilitando los servicios de aprendizaje político y la capitalización de las buenas prácticas de Política Regional de forma continua, en consonancia con el enfoque de la plataforma de aprendizaje de políticas, para permitir a los agentes regionales de toda la Unión Europea aprovechar las experiencias y prácticas pertinentes, siempre que los necesiten para reforzar sus políticas. Estas dos acciones son aplicables a todos los objetivos específicos apoyados por el programa[131].

---

131 INTERREG EUROPE. «What is Interreg Europe» https://www.interregeurope.eu/what-is-interreg-europe, [Fecha de consulta: 10 de junio de 2023]. Asimismo, *vid.* MOLINA DEL POZO C.F.: *Los municipios y las regiones en la Unión Europea*, Edita Juruá, Curitiba-Lisboa, 2023;

## 7.4. Las Agrupaciones Europeas de Cooperación Territorial (AECT)

Previstas en el Reglamento 1082/2006, modificado parcialmente por el Reglamento 1032/2013, las Agrupaciones Europeas de Cooperación Territorial tienen como misión facilitar la cooperación transfronteriza, transnacional e interregional entre los Estados miembros, regiones o municipios.

Según el Reglamento 1082/2006, su objetivo es promover de la manera más simple entre sus miembros la cooperación transfronteriza, transnacional y/o interregional con el fin exclusivo de reforzar la cohesión económica y social.

Este Reglamento establece que, la AECT tendrá personalidad jurídica y que, además, tendrá la capacidad jurídica de actuación que la legislación nacional del Estado miembro reconozca en su totalidad a las personas jurídicas.

Un ejemplo interesante de AECT, resulta poder ser en nuestra opinión, el Hospital transfronterizo de la Cerdaña. Se trata de una Agrupación Europea de Cooperación Territorial constituida por la Generalitat de Catalunya y, por la parte francesa, por la Agencia Regional de Salud Lenguadoc-Rosellón y la Caja Nacional de Seguros de Enfermedad de los Trabajos Asalariados.

Esta AECT forma el primer hospital transfronterizo de Europa, y es una buena muestra de las grandes ventajas de Agrupaciones Europeas de Cooperación Territorial y la eficiencia que pueden aportar al sector público este tipo de agrupaciones en países más pequeños, como pueden ser Luxemburgo, Estonia, Letonia o Dinamarca, aunque también es apreciable en los grandes países.

Retomando el ejemplo del Hospital de Cerdaña, las agencias de salud de la zona consideraban necesario la construcción de un hospital en la zona y, en vez de construir dos hospitales, uno en la parte española y otro en la parte francesa, optaron por constituir una AECT y construir solamente uno en donde se procediera a atender a pacientes de los dos países sin importar su residencia.

Este proyecto, al ser tan innovador y el primero en el ámbito de la Unión, contó con una gran financiación europea, en concreto los fondos comunitarios aportaron 19 millones de euros de los 39 millones de euros que costó la obra.

El Comité de las Regiones tiene registradas, aproximadamente, 70 Agrupaciones correspondientes a diferentes ámbitos, tales como el sanitario, los

MOLINA DEL POZO C.F.: *Derecho del Turismo en la Unión Europea*, Tirant lo Blanch, Valencia, 2021; MOLINA DEL POZO C.F.: *Instituciones, órganos y organismos de la Unión Europea*, Edita Tirant lo Blanch, Valencia, 2023.

transportes, o la cultura. Ahora bien, debe tenerse en cuenta que, una AECT puede estar involucrada en varios ámbitos de los anteriormente menciona- dos, como es el caso de las eurorregiones, asociaciones de cooperación te- rritorial creadas por las regiones fronterizas.

Hay gran cantidad de eurorregiones, en España, un ejemplo de ellas son la Eurorregión Alentejo-Centro de Portugal-Extremadura o la Eurorregión Nue- va Aquitania-País Vasco-Navarra.

## 7.5. Cooperación con las regiones ultraperiféricas

El concepto de «región ultraperiférica» se utiliza para denominar a aquellas regiones que forman parte de la Unión Europea, pero que se caracterizan por estar situadas a gran distancia de la Europa Continental, lo que supone grandes retos y desventajas para las mismas.

Las regiones ultraperiféricas que forman parte de la Unión Europea son: Guadalupe, Guayana, Martinica, Mayotte, La Reunión, San Martín, Azores, Madeira y las Islas Canarias.

Como se ha comentado, dichas regiones son muy diferentes entre sí en todos los ámbitos, como el geográfico, económico o social. No obstante, comparten el desafío que supone estar a miles de kilómetros de Europa con- tinental.

Esta situación descrita presenta evidentes consecuencias. tales como mayores costes de transporte, formar parte de un mercado con un tama- ño reducido, al no ser posible comerciar con tanta facilidad con el resto de Europa por la distancia, mayor dependencia de ciertos productos como los energéticos, lo que provoca que dichas regiones necesiten un trato particular por parte de los Estados de los que forman parte, que son Francia, Portugal y España, pero también un trato especial por parte de las instituciones co- munitarias.

Dicho trato especial está previsto en el artículo 349 del TFUE, que re- conoce que dichas regiones poseen una estructura social y económica peculiar como consecuencia de su gran lejanía, insularidad, reducida su- perficie, relieve y clima adversos y dependencia de un reducido número de productos.

En consecuencia, se autoriza a que el Consejo, a propuesta de la Comisión Europea y previa consulta al Parlamento Europeo, tome medidas específicas orientadas a aplicar el Derecho Comunitario. Es decir, se reconoce la posibili- dad de adoptar para estas regiones, que forman parte integrante de la Unión, un trato diferencial en lo que afecta a la legislación; por ejemplo, la Directiva 2006/112/CE relativa al sistema común del impuesto sobre el valor añadido, reconoce una aplicación especial para dichas regiones.

Este régimen especial está en relación con la situación económica particular de dichas regiones. Por ejemplo, Mayotte tiene el PIB per cápita más bajo de la Unión, además de la tasa de desempleo más elevada según Eurostat. Otro ejemplo a citar sería Canarias, en España, que es la región con menor PIB per cápita del país.

Tableau: Données relatives aux régions ultrapériphériques

| | Éloignement par rapport à la capitale (km) | Superficie (km²) | Population | PIB par habitant en pourcentage de la moyenne de l'UE (UE=100) (*) |
|---|---|---|---|---|
| Europe des Vingt-sept | - | 4 225 127 | 447 319 916 | 100 |
| France | - | 638 475 | 67 320 216 | 106 |
| Portugal | - | 92 227 | 10 374 822 | 79 |
| Espagne | - | 505 983 | 47 332 614 | 91 |
| Açores | 1 548 | 2 322 | 242 796 | 90 |
| Îles Canaries | 1 850 (moyenne pour l'ensemble des îles) | 7 447 | 2 236 992 | 73 |
| Guadeloupe | 7 578 | 1 685 | 412 682 | 68 |
| Guyane | 7 841 | 83 751 | 288 086 | 48 |
| Madère | 1 041 | 802 | 254 254 | 76 |
| Martinique | 7 641 | 1 108 | 359 821 | 70 |
| La Réunion | 9 921 | 2 504 | 856 858 | 67 |
| Saint-Martin(**) | 6 700 | 86 (53 pour la partie française) | 35 334 | - |
| Mayotte | 8 444 | 367 | 278 926 | 32 |

(*) Données pour 2019, source: Eurostat
(**) Données pour 2017, sources: Institut national de la statistique et des études économiques et ministère des outre-mer (France); aucune donnée récente disponible pour le PIB.

(Parlamento Europeo, 2022)

Por todo esto, las instituciones europeas intentan cooperar al máximo con dichas regiones en aras de facilitar el desarrollo de éstas, cofinanciando proyectos a través de los Fondos Estructurales como el FEDER, FEADER, FSE, INTERREG y FEAGA.

Para mejorar la situación de estas regiones, la Comisión publicó la Comunicación llamada «Una asociación estratégica renovada y más fuerte con las regiones ultraperiféricas de la Unión Europea», que trata de solucionar los problemas de dichas regiones a través de la cooperación, permitiendo el crecimiento y creación de empleo.

En el periodo 2014-2020 se destinaron a las Regiones Ultraperiféricas un total de 13.000 millones de euros en fondos, lo que es una cantidad superior en proporción que lo consagrado al resto de las regiones de la

Unión Europea. Semejante situación se debe, fundamentalmente, a los motivos que anteriormente hemos tenido ocasión de mencionar, dado que, sin duda, estas regiones ultraperiféricas están mucho menos desarrolladas a consecuencia de su posición geográfica.

## 7.6. Estrategias macrorregionales y urbanas

Las estrategias macro regionales son un marco avalado por el Consejo Europeo, apoyado con fondos y financiación europeas. Hacen frente a los retos geográficos que afectan tanto a los Estados miembros como a los países vecinos en las mismas áreas en las que se distribuyen (región del Mar Báltico, región del Danubio, región adriático-jónica, región alpina), beneficiándose de las cooperaciones reforzadas para la cohesión social, económica y territorial[132].

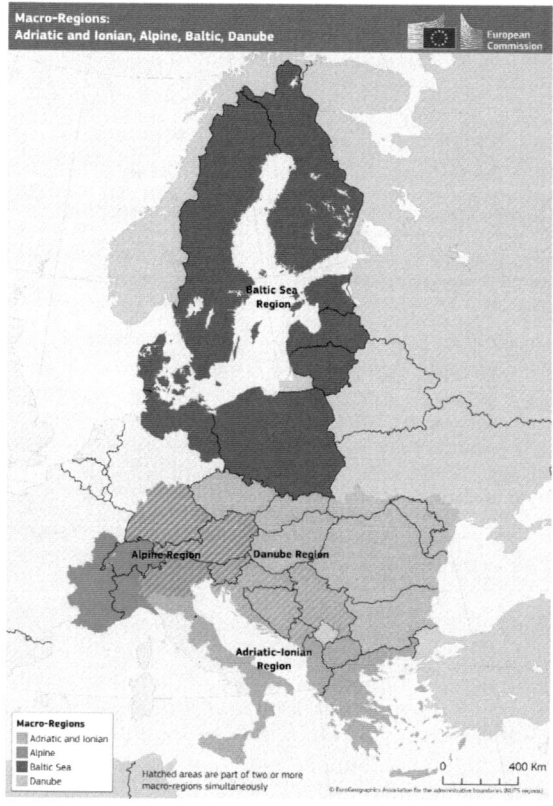

132 COMISIÓN EUROPEA. «Política de cooperación macrorregional»-https://ec.europa.eu/regional_policy/es/policy/cooperation/macro-regional-strategies/, [Fecha de consulta: 3 de septiembre de 2022].

El sentido de estas estrategias de cooperación entre Estados miembros y países terceros es que existen problemas a los que tiene que enfrentarse la Unión Europea que no conocen de fronteras, como el cambio climático o el desempleo. Así pues, se entiende que, los ciudadanos deberían de estar protegidos más allá de los límites europeos.

Las áreas en las que se han dividido las regiones atienden a características comunes, ya sea por necesidades o retos similares, lo que facilita la observancia de potenciales aspectos de cooperación.

Las estrategias macrorregionales han de ser abiertas y ágiles, de manera que faciliten la comunicación para ayudar a coordinar las actuaciones conjuntas más allá de las barreras físicas y culturales. Como resultado, estas regiones son más resilientes, fuertes y más atractivas para vivir en ellas.

Todas las estrategias van acompañadas de un plan de acción abierto, que se actualiza periódicamente a la luz de nuevas necesidades o los cambios sociales y contextos en los que avanzamos. Las tres estrategias principales, que implican a 19 miembros de la Unión y 8 países extracomunitarios son:

- The EU Green Deal (el Pacto Verde europeo).

- An EU stronger in the World (una Europa más fuerte en el mundo).

- An EU closer to citizens (una Europa más cercana a los ciudadanos).

# 8.

## ANÁLISIS DEL IMPACTO ECONÓMICO EN ALGUNOS ESTADOS MIEMBROS

Con la entrada en las Comunidades Europeas de Grecia, España y Portugal, los Fondos Estructurales del presupuesto comunitario aumentaron progresivamente desde los 18.330 millones de euros en 1984 a los 34.678 millones de euros en 1993.

Este impulso financiero fue debido, fundamentalmente, a una mayor financiación dedicada a las regiones más desfavorecidas de la Unión, las cuales tenían como objetivo la convergencia económica entre sus regiones, como paso previo a la consecución de la Unión Económica y Monetaria.

Tal cantidad de fondos, que duda cabe, tuvo un gran impacto en dichas regiones. Esto será algo que analizaremos con brevedad a continuación.

Según la Comisión Europea, el efecto de los Fondos Estructurales entre 1994 y 1999 resultó en un PIB adicional del 4,7 % en Portugal, un 3,9 % en los Estados de Alemania del Este, un 2,8 % en Irlanda, un 2,2 % en Grecia, un 1,4 % en España y un 1,3 % en Irlanda del Norte.

Como consecuencia de estas inversiones, se creó un 4 % de empleo en Portugal, un 2,5 % en Grecia y entre un 1 % y un 2 % en España y Alemania del Este. Así aparece detallado en la publicación «EU Cohesion Policy 1988-2008: Investing in Europe's future». Por lo tanto, se puede observar perfectamente el impacto de los Fondos Estructurales en aquellos Estados menos desarrollados en aquella época, al igual que, actualmente, en los Estados que accedieron a la Unión en las últimas ampliaciones.

Por ejemplo, según explica el Instituto Polaco de Economía en su estudio «15 años de Polonia en la UE», el país ha recibido 164 mil millones de euros en Fondos Estructurales, lo que constituye casi el doble de un presupuesto anual del Gobierno polaco, pudiendo constatarse lo que esto ha supuesto para la economía y el conjunto de la sociedad polaca, al tratarse de una especie de plan Marshall.

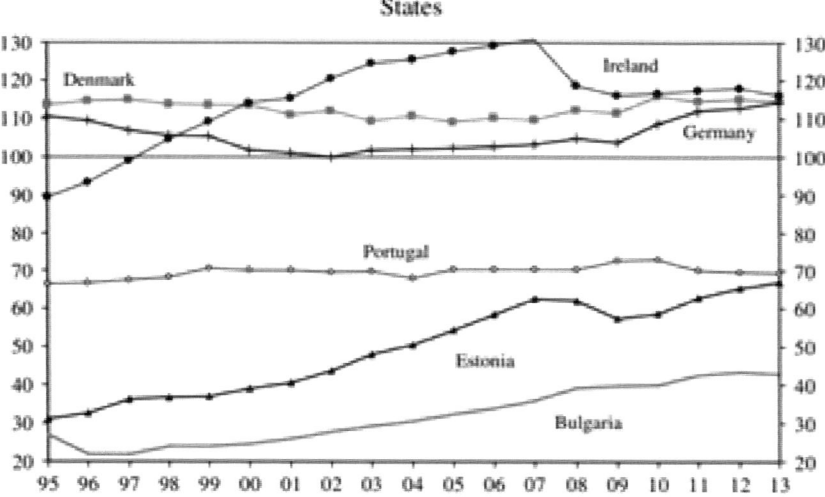

States

**Fuente: Eurostat**

En el anterior gráfico, podemos observar cómo afecta económicamente el proceso de adhesión a la Unión, con los fondos que reciben los países candidatos, al objeto de llevar a cabo las necesarias reformas que han de realizar con anterioridad a que se produzca su entrada efectiva en la Unión Europea, es decir, de manera previa a su posterior adhesión (se trata de los fondos pre-adhesión).

En este caso, podemos comparar el llamativo aumento del PIB de Estonia y Bulgaria, países que llevan menos tiempo en la Unión que el resto de los otros Estados. No es casualidad el aumento de su Producto Interior Bruto, sino que los estudios económicos ligan mayoritariamente este resultado a los Fondos Estructurales y de cohesión y reformas económicas ligadas a la Unión Europea.

Por todo esto, los Fondos Estructurales y las reformas que deben hacer los Estados para unirse a la Unión, suponen algo fundamental para el proceso de integración europea, así como para la transformación de la economía y sociedad europea, ya que una manera de alcanzar la paz y el pleno desarrollo de las sociedades europeas es conseguir su bienestar económico y material.

A continuación, observaremos la gestión de dichos fondos de acuerdo con la estructura territorial de los Estados a analizar, es decir, según se trate de Estados centralistas o descentralizados.

En parte, esto nos dará una idea sobre qué modelo funciona mejor y, por tanto, el modelo a utilizar en los años venideros, así como el modelo a tener en cuenta en las próximas reformas de los Tratados.

ESIF 2014-2020: EU overview of implementation by country – total cost of selection and spending as % of planned (scatter plot)

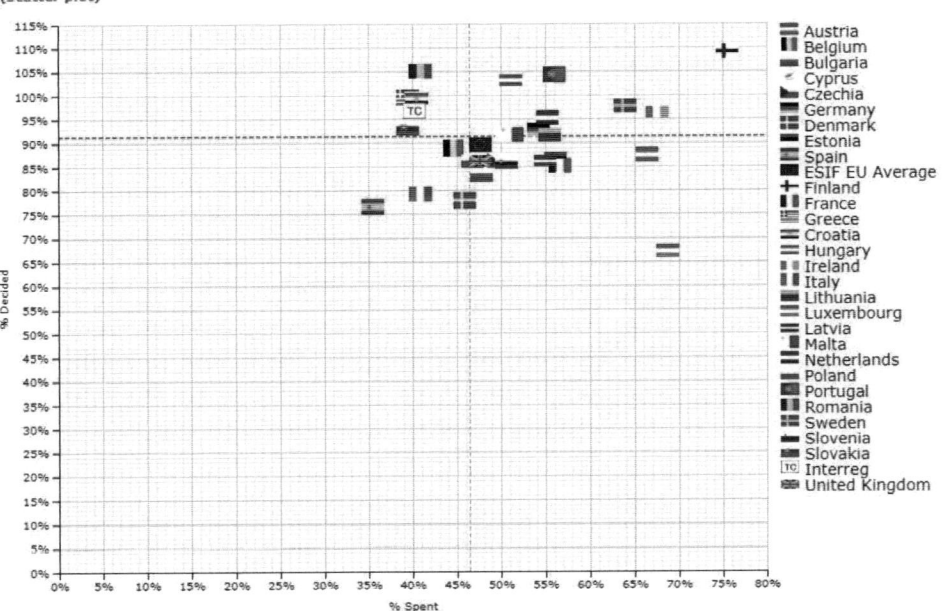

En la imagen anterior, facilitada por la Comisión Europea, podemos apreciar el porcentaje de fondos FEDER gastados por cada Estado en proporción a lo presupuestado.

En este caso, las Administraciones regionales españolas son, por detrás de las de Luxemburgo, las que menos fondos FEDER utilizan, por lo cual, convendría estudiar las causas que provocan esta situación a los efectos de proceder a solventarla, ayudando a incrementar el porcentaje de fondos FEDER utilizados, lo que mejoraría la competitividad de las regiones y empresas españolas.

En el gráfico podemos observar que los Estados que mejor aprovechan estos fondos son Portugal, Lituania, Grecia, Bulgaria y Eslovaquia.

Esto es consecuencia de la manera de gestionar los fondos que tienen los distintos Estados, poniendo de relieve que, en España, existe un problema con la forma y procedimientos utilizados para la actuación y ejecución de dichos fondos.

Por esto, grandes empresas y consultoras demandan a las distintas Administraciones Públicas, que se reforme la manera de ejecutar estos fondos, digitalizándolos y flexibilizando el proceso, lo que mejoraría la absorción y más eficiente utilización y empleo de los fondos. Para conseguir el objetivo descrito, también sería necesario lograr una mejor cooperación entre las distintas Administraciones Públicas y el sector privado, lo que sin lugar a dudas, mejoraría el procedimiento y la forma de gestionar los mencionados fondos.

Además, el Centro para la Política Económica de ESADE, propone reformar la Ley de Contratos dado que argumentan que esta crea procesos y trabas burocráticas que resultan suponer un freno para la ejecución efectiva de los fondos.

También proponen la creación de agencias y oficinas de gestión centralizada de las licitaciones, que articulen economías de escala, aprovechándose así las distintas Administraciones que existen en el Estado.

Por todas estas razones expuestas, y para alcanzar un mejor desarrollo de las regiones en España, consideramos necesario actuar sobre este punto que hemos destacado, a los fines de poder mejorar la ejecución y absorción de los fondos, ya que se están desaprovechando importantes cantidades de euros que coadyuvarían al desarrollo territorial en el conjunto del Estado español.

# 9.

# PERSPECTIVAS DE FUTURO DE LA POLÍTICA REGIONAL

La Unión Europea es un referente de integración más allá de la colaboración, la solidaridad entre países y la unión de actuación e ideas, que favorecen el desarrollo económico, social y territorial de sus Estados miembros. Sin embargo, esta comunidad, pese a su papel destacado en el ámbito mundial, encuentra numerosas dificultades y obstáculos para hacer realidad sus objetivos y fines.

Mientras que todos los países miembros establecen su objetivo unido en el avance, la integración y el apoyo de unos en otros, el aprendizaje y las ventajas que esta institución ofrece, lo cierto es que no todas las naciones parten del mismo punto.

Los países originarios y aquéllos que se adhirieron a finales del siglo XX, forman un núcleo más unido y compacto, menos escéptico al modelo europeo, con más bagaje y experiencia que aquellos últimos miembros en unirse, generando, por tanto, una cierta desestabilidad y desigualdad entre las regiones europeas, que afecta a la economía, a la política y, en definitiva, a la sociedad de estos países, y que tiene su claro reflejo en todo el conjunto de la Unión Europea.

Por ello, se plantea una idea de gobernanza multinivel, por la que aquellos países que estén más preparados o dispuestos a tomar iniciativas y adoptar políticas de avance, desarrollo y transformación, puedan hacerlo con independencia de los restantes Estados que no se encuentren en la misma situación. Este hecho les permitiría no formar parte de la situación privilegiada descrita hasta no estar en unas condiciones adecuadas y verosímiles para adoptar los necesarios planteamientos.

Lo anteriormente explicado generaría un avance más rápido y profundo en la Unión, al no ralentizar a los países con la capacidad y motivación para continuar con el desarrollo progresivo de Europa, sentando, además, unas bases sólidas para ser cumplimentadas por el resto de miembros que, incluso, hallarían más fácil adherirse a estos planes, ya que una vez estuvieran más a su alcance, no se encontrarían barreras para la adopción interna de los diferentes proyectos elaborados.

Esta idea de los dos niveles o velocidades viene respaldada de una segunda opinión indirecta y es la de la eliminación de la unanimidad en muchos aspectos, ya que, en la situación actual, como es bien sabido, bastantes de las decisiones de la Unión Europea han de hacerse por unanimidad. Esto significa que, la negativa de un solo país podría echar atrás todo un plan, proyecto, iniciativa o política, como ya lo ha hecho anteriormente, y que, en lo único en lo que se ha traducido por experiencia es en la ralentización de la aprobación de estas actuaciones, y no en la eliminación de ellas. Al eliminarse la unanimidad en determinados supuestos, se salvaría la barrera de la actuación conjunta, generando una integración más rápida y eficiente.

De esto mismo, se podría extraer una tercera idea resaltable, y es la dicotomía entre la profundización o la ampliación. Es decir, trabajar en la profundización de la actual Unión Europea, buscar sentar raíces más profundas, legislar de manera más eficaz, identificando aquellos defectos, lagunas o problemas a los que se enfrenta ahora Europa por la masificación de la Unión. Como consecuencia, se desarrollarían actuaciones que lo que estarían orientadas sería a reforzar la base de la Unión, en lugar de expandirse añadiendo más países.

Esta idea se sustenta en procurar la mejora de lo ya existente antes de seguir adhiriendo más miembros o relaciones exteriores. Crear una Unión mejorada, más eficiente, rápida y fuerte, que luego pueda centrarse en ayudar a aquellos países que en el futuro pudieran llegar a unirse, sin pasar por dificultades o problemas como los actuales al haber una brecha de diferencia entre los distintos miembros.

En contraposición se encuentra aquella idea que pone de relieve todo lo contrario, expandir el trabajo de la Unión hacia fuera, y una vez asentados los miembros y relaciones completamente, comenzar a trabajar en la profundización de Europa de manera conjunta, todos en la misma dirección y al mismo ritmo.

Pese a que esta idea no es desproporcionada ni una mala opción, la experiencia y realidad de Europa nos demuestra que resulta ser algo más utópica, volviendo a los puntos anteriores: la unanimidad en las actuaciones y las diferencias ya existentes entre los distintos miembros, harían de este planteamiento un retroceso en el desarrollo. Es decir, una dilación innecesaria del avance de Europa y un posible estancamiento que podría volverse perpetuo si aquellos países con iniciativa pierden la motivación por trabajar en conjunto.

Esto se debe a que, muy probablemente, se desdibujase la base de la integración por esperar a la disponibilidad del resto de naciones para avanzar, pudiendo, incluso, agrandar el denominado euro escepticismo, el cual podría llegar a derivar en la posible salida de más países de la Unión Europea.

En conclusión, la Unión Europea es un referente mundial de integración, solidaridad y apoyo, único y sin precedente, lo que significa también que no tiene guías de actuación previas que demuestren como es el camino que seguir.

Eso se traduce en que, la voluntad se crea por los propios miembros de la Unión, todos ellos, por lo que debemos de continuar trabajando por la unión e integración, sentar bases y raíces suficientemente fuertes que ayuden a proporcionar una respuesta rápida y que se consiga como resultado definitivo el avance de todos los Estados miembros y el refuerzo de su posición global.

El 2 de mayo de 2023, la Comisión Europea publicó un documento sobre la Programación de la Política de Cohesión para el período de 2021-2027, lo que ocasionó la realización de una entrevista con el Director General de la Dirección General sobre Política Regional y Urbana (REGIO), el señor Normunds Popens[133].

Popens manifestó que, uno de los motivos por los cuales la programación de dicha política había avanzado sin demasiados contratiempos, fue que se empezaron las negociaciones y puesta en conocimiento de los Estados miembros en 2018. En consecuencia, cuando éstos tuvieron que empezar a aplicar la nueva normativa, ya eran conocedores de los pequeños detalles de la misma.

La Unión quiso intentar este método al tratarse de uno de los objetivos a largo plazo en inversiones, correspondiéndole un tercio del presupuesto europeo. Como la finalidad de dicha política es disminuir las disparidades en el desarrollo de las regiones, los principales beneficiarios serán las áreas rurales y aquellas afectadas por la transición industrial, y los ciudadanos, ya que verán mejoras en su vida a través de la transición digital, o mejora de la salud del planeta.

Ahora bien, debe destacarse que esta política, y como causa, las inversiones, se basan en el principio de asociación, lo que quiere decir que la Unión creará un marco legal que las regiones deberán seguir e incorporar, actuando ambas como principales promotores del cambio. Asimismo, implementa la idea de que nadie debe quedarse atrás, a través del fomento de todas las regiones para la eliminación de las diferencias.

Por consiguiente, y para finalizar este trabajo, queremos destacar la enorme importancia de la política que hemos tratado a lo largo de estas páginas.

---

133 EUROPEAN COMMISSION. «Interview with Normunds Popens on Cohesion policy's outcome and future» https://ec.europa.eu/regional_policy/whats-new/panorama/2023/05/05-03-2023-interview-with-normunds-popens-on-cohesion-policy-s-outcome-and-future_en, [Fecha de consulta: 29 de julio de 2023].

El principio de que nadie quede abandonado en el avance de la sociedad constituye un aspecto clave en la promoción de los valores de la Unión y en la idea de que todos, en la Unión Europea, somos iguales, pese a nuestra idiosincrasia.

Si la Unión Europea quiere y pretende que sus países miembros continúen creciendo, con la finalidad de lograr una Unión más prospera, no podemos olvidarnos de las regiones que conforman dichos países, y que, en ocasiones, pueden verse perjudicadas por la urbanización, la industrialización o, simplemente, por los cambios demográficos.

La Política de Cohesión debe ser capaz de solventar dichas diferencias ayudando así a las regiones que más lo necesiten, de manera que todos los territorios de la geografía europea prosperen unitaria y homogéneamente, proyectando la construcción de la Unión hacia el futuro.

# 10.

# BIBLIOGRAFÍA

Acta Única Europea, *DOUE L 169*, de 29 de junio de 1987, p. 1/28

BACHE, I., GEORGE S. and BULMAN, S., *Politics in the European Union*, Oxford, 2011; págs. 423-424.

CANAL UNED. «Estrategia "Europa 2020: Hacia un crecimiento inteligente, sostenible e integrador"», https://canal.uned.es/video/5a6f138cb-1111fd7548b4fb [Recuperado el 31 de agosto de 2022].

COM (96)0542 final, Primer Informe Trienal sobre la Cohesión Económica y Social, Comisión Europea, 6 de noviembre de 1996; e Informe de la Comisión de Política Regional del Parlamento Europeo sobre el Primer Informe Trienal sobre Cohesión Económica y Social, 21 de octubre de 1997.

COMISIÓN EUROPEA REGIO, «Política de Cohesión 2014-2020, Inversión en las regiones europeas», *Panorama Magazine*, 40, invierno 2011/2012.

COMISIÓN EUROPEA, DIRECCIÓN GENERAL DE POLÍTICA REGIONAL Y URBANA. «Europa 2000: Perspectivas de desarrollo del territorio de la Comunidad», *Oficina de Publicaciones*, 1991, https://op.europa.eu/es/publication-detail/-/publication/b1380f75-b5c2-4deb-94b4-49ab9a6c853b, [Recuperado el 12 de abril de 2023]

COMISIÓN EUROPEA. «Agenda Urbana de la Unión Europea», https://ec.europa.eu/info/eu-regional-and-urban-development/topics/cities-and-urban-development/urban-agenda-eu_es, [Fecha de consulta: 02 de septiembre de 2022]

COMISIÓN EUROPEA. «Alianza Digital UE-ALC», https://ec.europa.eu/commission/presscorner/detail/es/ip_23_1598, [Fecha de consulta: 13 de junio de 2023]

Comisión Europea. «Consumidores», https://ec.europa.eu/info/policies/consumers_es#:~:text=La%20UE%20legisla%20para%20proteger,su%20ayuda%20en%20contenciosos%20transfronterizos, [Fecha de consulta: 23 de enero de 2023]

Comisión Europea. «Economía, finanzas y el euro», https://commission.europa.eu/topics/economy-finance-and-euro_es, [Fecha de consulta: 22 de agosto de 2022]

Comisión Europea. «Economy and Finance», https://economy-finance.ec.europa.eu/economic-forecast-and-surveys/economic-forecasts/autumn-2022-economic-forecast-eu-economy-turning-point_en, [Fecha de recuperación: 23 de noviembre de 2022].

Comisión Europea. «El funcionamiento de la política de cohesión: principales resultados de las inversiones de la UE en 2007-2013», https://ec.europa.eu/regional_policy/es/newsroom/news/2016/10/10-07-2016-cohesion-policy-at-work-key-outcomes-of-eu-investments-in-2007-2013#:~:text=En%20el%20marco%20de%20la%20pol%C3%ADtica%20de%20cohesi%C3%B3n,en%20los%20per%C3%ADodos%20de%20programaci%C3%B3n%20actual%20y%20futuro, [Recuperado el 12 de abril de 2023]

Comisión Europea. «Estado de la Unión 2021», https://state-of-the-union.ec.europa.eu/state-union-2021_es, [Recuperado el 12 de abril de 2023]

Comisión Europea. «Estrategia de protección de los consumidores», https://ec.europa.eu/info/policies/consumers/consumer-protection-policy/consumer-strategy_es, [Fecha de consulta: 22 de enero de 2023]

Comisión Europea. «Estrategia industrial europea», https://ec.europa.eu/info/strategy/priorities-2019-2024/europe-fit-digital-age/european-industrial-strategy_es, [Fecha de consulta: 02 de septiembre de 2022]

Comisión Europea. «Interreg B - Cooperación transnacional», https://ec.europa.eu/regional_policy/policy/cooperation/european-territorial/trans-national_en, [Fecha de consulta: 13 de junio de 2023]

Comisión Europea. «La Nueva Agenda del Consumidor», https://ec.europa.eu/info/policies/consumers/consumer-protection-policy/consumer-strategy_es#:~:text=La%20Nueva%20Agenda%20del%20Consumidor&text=Su%20objetivo%20es%20preparar%20mejor,posterior%20a%20la%20COVID%2D19, [Fecha de consulta: 24 de enero de 2023]

Comisión Europea. «Legislación en materia de protección de los consumidores», https://ec.europa.eu/info/law/law-topic/consumer-protection-law_es, [Fecha de consulta: 24 de enero de 2023]

COMISIÓN EUROPEA. «MED», https://ec.europa.eu/regional_policy/in-your-country/programmes/2014-2020/mt/2014tc16m4tn001_es, [Fecha de consulta: 20 de febrero de 2023].

COMISIÓN EUROPEA. «Política de cooperación macrorregional», https://ec.europa.eu/regional_policy/es/policy/cooperation/macro-regional-strategies/, [Fecha de consulta: 3 de septiembre de 2022]

Comunicación de la Comisión al Consejo, al Parlamento Europeo, al Comité de las Regiones y al Comité Económico y Social Europeo, «Libro Verde sobre la cohesión territorial. Convertir la diversidad territorial en un punto fuerte», *COM (2008) 616 final,* de 06 de octubre de 2008.

Comunicación de la Comisión al Parlamento Europeo, al Consejo, al Comité Económico y Social Europeo y al Comité de las Regiones, «Hacia un Acta del Mercado Único», *COM (2010) 608* final, de 27 de octubre de 2010.

Comunicación de la Comisión al Parlamento Europeo, al Consejo, al Comité Económico y Social Europeo y al Comité de las Regiones «Mejorar el mercado único más oportunidades para los ciudadanos y las empresas», *COM (2015) 550 final*, de 28 de octubre de 2015.

Comunicación de la Comisión al Parlamento Europeo, al Consejo, al Comité Económico y Social Europeo y al Comité de las Regiones, «Una Estrategia para el Mercado Único Digital de Europa», *COM (2015) 192 final*, de 6 de mayo de 2015.

Comunicación de la Comisión al Parlamento Europeo, al Consejo, al Comité Económico y Social Europeo y al Comité de las Regiones, «El momento de Europa: reparar los daños y preparar el futuro para la próxima generación», *COM (2020) 456 final*, de 27 de mayo de 2020.

Comunicación de la Comisión, «Agenda 2000: Por una Unión más fuerte y más amplia», *COM (97) final,* de 16 de julio de 1997.

CONSEJO EUROPEO. «Un acuerdo internacional sobre la prevención y preparación ante pandemias», https://www.consilium.europa.eu/es/policies/coronavirus/pandemic-treaty/, [Fecha de consulta: 13 de junio de 2023]

CONSEJO EUROPEO. «Una nueva agenda estratégica», https://www.consilium.europa.eu/media/39964/a-new-strategic-agenda-2019-2024-es.pdf, [Fecha de consulta: 02 de junio de 2023]

COUNCIL CONCLUSIONS, «Tourism in Europe for the next decade: sustainable, resilient, digital, global and social», adopted on 27 May 2021, *8881/21*.

Dictamen del Comité de las Regiones sobre la «Comunicación de la Comisión — Primer informe intermedio sobre la cohesión económica y social», 10 de octubre del 2002.

Directiva 2001/55/CE del Consejo, de 20 de julio de 2001, relativa a las normas mínimas para la concesión de protección temporal en caso de afluencia masiva de personas desplazadas y a medidas de fomento de un esfuerzo equitativo entre los Estados miembros para acoger a dichas personas y asumir las consecuencias de su acogida, *DOUE L 212 de 7.8.2001, p. 12/23.*

Directiva 2013/32/UE del Parlamento Europeo y del Consejo, de 26 de junio de 2013, sobre procedimientos comunes para la concesión o la retirada de la protección internacional, *DOUE L 180 de 29.6.2013, p. 60/95.*

EL ECONOMISTA. «Cooperación internacional es la única vía para combatir el crimen organizado de manera efectiva, coinciden especialistas», https://www.eleconomista.com.mx/politica/Cooperacion-internacional-es-la-unica-via-para-combatir-el-crimen-organizado-de-manera-efectiva-coinciden-especialistas-20221006-0082.html, [Fecha de consulta: 26 de junio de 2023]

EL ORDEN MUNDIAL. «El futuro económico de las regiones europeas», https://elordenmundial.com/mapas-y-graficos/el-futuro-economico-de-las-regiones-europeas/, [Fecha de consulta: 17 de agosto de 2022].

EUR-LEX. «Crecimiento y empleo», https://eur-lex.europa.eu/legal-content/ES/TXT/?uri=LEGISSUM%3As02315&lang1=ES&from=EN&lang3=choose&lang2=choose&_csrf=e3ce3930-5a47-4136-9791-b2332a05b269, [Recuperado el 11 de abril de 2023]

EUR-LEX. «Europa 2020: la estrategia de la Unión Europea para el crecimiento y la ocupación», https://eur-lex.europa.eu/ES/legal-content/summary/europe-2020-the-european-union-strategy-for-growth-and-employment.html, [Recuperado el 27 de agosto de 2022].

EUR-LEX. «Mecanismo Conectar Europa», https://eur-lex.europa.eu/legal-content/ES/TXT/HTML/?uri=LEGISSUM:3207_2, [Recuperado el 12 de abril de 2023]

EUROMETROPOLIS. «Home», https://www.eurometropolis.eu/en/home, [Recuperado el 12 de abril de 2023]

EUROPEAN COMMISSION. «Interview with Normunds Popens on Cohesion policy's outcome and future» https://ec.europa.eu/regional_policy/whats-new/panorama/2023/05/05-03-2023-interview-with-normunds-popens-on-cohesion-policy-s-outcome-and-future_en, [Fecha de consulta: 29 de Julio de 2023]

**European Commission**. «Regional Policy», https://ec.europa.eu/regional_policy/home_en, [Fecha de consulta: 19 de marzo de 2023]

**European Urban Initiative**. «The European Hub for sustainable urban development», https://www.urban-initiative.eu/, [Fecha de consulta: 11 de febrero de 2023].

**Frosina, L.**: «Regiones y Unión Europea tras el Tratado de Lisboa. El Comité de las Regiones, los Parlamentos Regionales y el desafío de la multilevel governance175», *ReDCE*, N.º 22/2014, pág., 175.

**Galera Rodrigo S.**: *El hacer urbano de la Unión Europea. Modelos de ciudad, poder local y sostenibilidad energética*, Edita Atelier, Barcelona, 2022.

**García Nicolás, C.**: *Las políticas de cohesión territorial.* https://www.openeuropeuv.es/las-politicas-de-cohesion-territorial/, [Fecha de consulta: 15 de septiembre de 2022).

**Gil Zafra, M.A.**: «La política regional de la Unión Europea: evolución normativa y metodología de actuación», *Política y Sociedad*, n.º 31, 1999, pág. 187.

**Gonzalez Vallvé, J.L**. y **Benedicto Solsona, M.A.**: *La mayor operación de solidaridad de la historia. Crónica de la política regional de la UE en España*, Oficina de Publicaciones Oficiales de las Comunidades Europeas, Luxemburgo, 2006, ISBN 92-79-01900-7.

Informe Trienal sobre la Cohesión Económica y Social, *COM (96)0542 final*, Comisión Europea, 6 de noviembre de 1996.

**Interreg Europe**. «What is Interreg Europe» https://www.interregeurope.eu/what-is-interreg-europe, [Fecha de consulta: 10 de junio de 2023]

**Junta de Castilla y León**. «Geografía», https://conocecastillayleon.jcyl.es/web/es/geografia-poblacion/geografia.html, [Fecha de consulta: 15 de marzo de 2023]

Libro Blanco de la Comisión al Consejo Europeo, «Libro Blanco sobre la realización del mercado común», *COM (85) 310,* de 28-29 de junio de 1985.

**Ministerio de Ciencia e Innovación**. «Participación española en Horizonte 2020: Resultados por CC. AA.», https://www.horizonteeuropa.es/sites/default/files/noticias/H2020 %20Resultados%20por%20CCAA%20vpub1.pdf, [Fecha de consulta: 11 de junio de 2023]

**Ministerio de Política Territorial, Cooperación Transfronteriza y Territorial**. «Las Agrupaciones Europeas de Cooperación Territorial», https://www.mptfp.gob.es/dam/es/portal/politica-territorial/internacional/cooperacion/AECT/parrafo/MAPA_AECT_ESPANA.pdf.pdf, [Fecha de consulta: 9 de julio de 2022]

**MINISTERIO DE TRANSPORTES, MOVILIDAD Y AGENDA URBANA**. «La nueva Carta de Leipzig (2020) y la Agenda Territorial 2030», https://www.mitma.gob.es/arquitectura-vivienda-y-suelo/urbanismo-y-politica-de-suelo/actividad-internacional/union-europea/nueva_carta_leipzig [Fecha de consulta: 02 de septiembre de 2022]

**MOLINA DEL POZO, C. F.**: *Derecho de la Unión Europea*, 8.ª edición corregida y ampliada, Edita Reus, 2024, ISBN: 978-84-290-2810-2

**MOLINA DEL POZO, C. F.**: *Derecho del Turismo en la Unión Europea*, 1.ª Edición, Tirant lo Blanch, Valencia, 2021, ISBN: 978-84-1397-038-7.

**MOLINA DEL POZO, C. F.**: «La armonización de las legislaciones», en *Derecho de la Unión Europea*, 8.ª edición, Edita Reus, Madrid, 2024, pág. 315 a 328.

**MOLINA DEL POZO, C. F.**: «Organización, programación y control de los Fondos Estructurales en el marco de la nueva Política Regional europea». En el libro: *Las Regiones españolas en Europa*. Edita Universidad de Sevilla y AECR, Sevilla, 1999, pág. 201 y sigs. ISBN 84-95217-06-6.

**MOLINA DEL POZO, C. F.**: «La política turística de la Comunidad Europea: su contribución al desarrollo regional. El T.U.E., y el turismo». En el libro que recoge las *Actas del Foro Internacional de Turismo año 2000*, Edit. Organización Mundial del Turismo (OMT), Acapulco (México), 1992. 25 págs.

**MOLINA DEL POZO, C. F.**: «Propuestas para la inserción de las Regiones en las Instituciones Europeas». En el libro *La inserción de las Regiones en la Europa del mañana*. Edita Instituto de Estudios Autonómicos de la Generalitat de Cataluña. Barcelona, 1987.

**MOLINA DEL POZO, C. F.**.: «Una contribución al desarrollo de las regiones: iniciativas de la Comunidad Europea en materia de Turismo». En el libro *Homenaje al Prof. Villar Palasí*, Civitas, Madrid, 1989. **GÓMEZ- FERRER MORANT R**. (Coord.). ISBN 84-7398-645-8

**MOLINA DEL POZO, C. F.**.: «Tableau Institutionnel et définition de la `politique régional en Espagne ». En el Libro: *EEC-USA: Regional Institutions and développent policies*. Edita Institut International de Sciences Administratives, Roma, 1982.

**MOLINA DEL POZO, C. F.** y **SALDAÑA ORTEGA V.**: «La política de cohesión y la lucha contra el éxodo rural ante la nueva perspectiva federal de la Unión Europea», en *Revista ICE*, 2022.

**MOLINA DEL POZO, C. F.**: «La deseada y potencial participación de las regiones europeas en la implementación del Pacto Verde de la Unión Europea». En *Anuario de la Facultad de Derecho de la UAH*, volumen XIV, (2021).

MOLINA DEL POZO, C. F.: «La política de Cohesión de la Unión Europea como impulsora del Desarrollo de las Regiones», en *Revista de Derecho Urbanístico y Medio ambiente*, Año LIII, N.º 330-331, 2019. ISSN: 1139-4978

MOLINA DEL POZO, C. F.: «El Turismo sostenible como factor de desarrollo económico en el marco de la Unión Europea». En el *Anuario de la Facultad de Derecho de la UAH*, Edita Servicio de Publicaciones de la UAH, 36 páginas, Alcalá de Henares, 2009.

MOLINA DEL POZO, C. F. «La Política Regional de la Comunidad Europea: Nueva Regulación de los Fondos Estructurales», en la *Revista ECSA-Argentina*, n.º 2, Edit. Jurídicas Cuyo, Mendoza (Argentina), 2000, págs. 69 a 136.

MOLINA DEL POZO, C. F.: «Una contribución al desarrollo de las Regiones Europeas: iniciativas de la Comunidad Europea en materia de turismo», en *Revista Situación*, n.º 3, 1987.

MOLINA DEL POZO, C. F.: *Los Municipios y las Regiones en la Unión Europea*, Edita Juruá, Curitiba-Lisboa, 2023. ISBN 978-989-712-908-7

MOLINA DEL POZO, C. F.: *Derecho de los Transportes en la Unión Europea*, Edita Colex, A Coruña, 2023. ISBN 978-84-135-823-9

MOLINA DEL POZO, C. F.: *Derecho del Turismo en la Unión Europea*, Tirant lo Blanch, Valencia, 2021. ISBN 978-84-1397-038-7

MOLINA DEL POZO y CIPPITANI R.: *Las subvenciones en el Derecho de la Unión Europea*, Edita Juruá, Porto, 2021. ISBN: 978-989-712-813-4.

MOLINA DEL POZO, C. F.: *Tratado de Derecho de la Unión Europea*, 4 volúmenes, Edita Juruá Editorial, Lisboa-Curitiba, 2015. ISBN Vol. IV: 978 989 71 2327 -6, 776

MOLINA DEL POZO, C. F.: *Los Fondos estructurales y la nueva Política Regional de la Comunidad Europea*, 1.ª edición, Edita Universidad de Santiago de Compostela, Santiago, 2002, 128 págs. ISBN.: 84-9750-024-5

MONTALVO SANTAMARÍA, A.: «La estrategia de Lisboa: de la política económica a la economía política», *75 años de la política económica española, ICE*, noviembre de 2005, n.º 826, págs. 505-529.

NECSTouR. «European Regions for Competitive and Sustainable Tourism», https://necstour.eu/ [Fecha de consulta: 11 de junio de 2023]

ORTEGA GÓMEZ, M.: *Las Políticas de la UE en el siglo XXI*, J.M Bosch editor, Barcelona, 2018, págs. 483-484.

**PARLAMENTO EUROPEO**. «A just transition fund- How the EU Budget can best assist in the necessary transition from fossil fuels to sustainable energy», https://www.europarl.europa.eu/thinktank/en/document/IPOL_STU(2020)651444 [Fecha de consulta: 11 de junio de 2023]

**PARLAMENTO EUROPEO**. «Consejo Europeo de Lisboa, 23 y 24 de marzo de 2000. Conclusiones de la presidencia», https://www.europarl.europa.eu/summits/lis1_es.htm [Recuperado el 11 de abril de 2023]

**PARLAMENTO EUROPEO**. «Ficha técnica del Fondo de Transición Justa», https://www.europarl.europa.eu/factsheets/es/sheet/214/fondo-de-transicion-justa [Fecha de consulta: 22 de junio de 2022]

**PARLAMENTO EUROPEO**. «Fichas temáticas: el Banco Central Europeo», https://www.europarl.europa.eu/ftu/pdf/es/FTU_1.3.11.pdf [Fecha de consulta: 05 de junio de 2023]

**PARLAMENTO EUROPEO**. «Fichas temáticas: el Banco Europeo de Inversiones», https://www.europarl.europa.eu/ftu/pdf/es/FTU_1.3.15.pdf, [Fecha de consulta: 05 de junio de 2023]

**PARLAMENTO EUROPEO**. «Fichas temáticas: el Comité de las Regiones», https://www.europarl.europa.eu/ftu/pdf/es/FTU_1.3.14.pdf, [Fecha de consulta: 05 de junio de 2023]

**PARLAMENTO EUROPEO**. «Fichas temáticas: el Comité Económico y Social», https://www.europarl.europa.eu/ftu/pdf/es/FTU_1.3.13.pdf, [Fecha de consulta: 05 de junio de 2023]

**PARLAMENTO EUROPEO**. «Fichas temáticas: el Consejo», https://www.europarl.europa.eu/ftu/pdf/es/FTU_1.3.7.pdf, [Fecha de consulta: 05 de junio de 2023]

**PARLAMENTO EUROPEO**. «Fichas temáticas: el Tribunal de Cuentas», https://www.europarl.europa.eu/ftu/pdf/es/FTU_1.3.12.pdf, [Fecha de consulta: 05 de junio de 2023]

**PARLAMENTO EUROPEO**. «Plan de Inversiones para una Europa Sostenible», https://www.europarl.europa.eu/RegData/etudes/ATAG/2020/659314/EPRS_ATA(2020)659314_ES.pdf, [Fecha de consulta: 05 de junio de 2023]

**PÉREZ-BUSTAMANTE, R.** y **GUINEA BONILLO, J.**: «Política de Mercado Interior», https://www.comunidad.madrid/sites/default/files/dgae_guia_politicas_mercado_interior_2020.pdf, [Fecha de consulta: 19 de marzo de 2023]

**Ramajo, M.**: «La UE destina 6,5 millones de euros en ayuda humanitaria a Turquía y Siria»,. https://www.elnacional.cat/es/internacional/ue-destina-6-5-millones-euros-ayuda-humanitaria-turquia-siria_967122_102.html, [Fecha de consulta: 08 de febrero de 2023]

**Red Española de Ciudades por el Clima**: «Foro de las Ciudades 2023», https://redciudadesclima.es/node/1062, [Fecha de consulta: 11 de febrero de 2023].

Reglamento (CE) n.º 1083/2006 del Consejo, de 11 de julio de 2006, por el que se establecen las disposiciones generales relativas al Fondo Europeo de Desarrollo Regional, al Fondo Social Europeo y al Fondo de Cohesión y se deroga el Reglamento (CE) n.º 1260/1999, *DOUE L 210* de 31 de junio de 2006, p. 25/78. Actualmente, se encuentra derogado por el Reglamento (UE) n.º 1303/2013 del Parlamento Europeo y del Consejo, de 17 de diciembre de 2013, por el que se establecen disposiciones comunes relativas al Fondo Europeo de Desarrollo Regional, al Fondo Social Europeo, al Fondo de Cohesión, al Fondo Europeo Agrícola de Desarrollo Rural y al Fondo Europeo Marítimo y de la Pesca, y por el que se establecen disposiciones generales relativas al Fondo Europeo de Desarrollo Regional, al Fondo Social Europeo, al Fondo de Cohesión y al Fondo Europeo Marítimo y de la Pesca, y se deroga el Reglamento (CE) n.º 1083/2006 del Consejo, *DOUE L* 347 de 20 de diciembre de 2013, p. 320/469

Reglamento (CEE) n.º 2081/1993, artículos 8 inciso cuarto y 9 inciso octavo.

Reglamento (UE) 2021/1153 del Parlamento Europeo y del Consejo de 7 de julio de 2021 por el que se establece el Mecanismo «Conectar Europa» y se derogan los Reglamentos (UE) n.º 1316/2013 y (UE) n.º 283/2014, *DOUE L 249* de 14 de junio de 2021, p. 38/8

Reglamento (UE) 2021/522 del Parlamento Europeo y del Consejo, de 24 de marzo de 2021, por el que se establece un programa de acción de la Unión en el ámbito de la salud («programa UEproSalud») para el período 2021-2027 y por el que se deroga el Reglamento (UE) n.º 282/2014, *DOUE L 107* de 26.3.2021, p. 1/29

Reglamento (UE) n.º 1302/2013 del Parlamento Europeo y del Consejo, de 17 de diciembre de 2013, por el que se modifica el Reglamento (CE) n.º 1082/2006 sobre la Agrupación Europea de Cooperación Territorial (AECT) en lo que se refiere a la clarificación, a la simplificación y a la mejora de la creación y el funcionamiento de tales agrupaciones, *DOUE L 347* de 20 de diciembre de 2013, p. 303/319.

Reglamento (UE) n.º 1303/2013 del Parlamento Europeo y del Consejo, de 17 de diciembre de 2013, por el que se establecen disposiciones comunes relativas al Fondo Europeo de Desarrollo Regional, al Fondo

Social Europeo, al Fondo de Cohesión, al Fondo Europeo Agrícola de Desarrollo Rural y al Fondo Europeo Marítimo y de la Pesca, y por el que se establecen disposiciones generales relativas al Fondo Europeo de Desarrollo Regional, al Fondo Social Europeo, al Fondo de Cohesión y al Fondo Europeo Marítimo y de la Pesca, y se deroga el Reglamento (CE) n.º 1083/2006 del Consejo, *DOUE L 347* de 20.12.2013, p. 320/469

Reglamento (UE) n.º 1315/2013 del Parlamento Europeo y del Consejo, de 11 de diciembre de 2013, sobre las orientaciones de la Unión para el desarrollo de la Red Transeuropea de Transporte, y por el que se deroga la Decisión n.º 661/2010/UE, *DOUE L 348* de 20 de diciembre de 2013, p. 1/128

Reglamento (UE) n.º 1316/2013 del Parlamento Europeo y del Consejo, de 11 de diciembre de 2013, por el que se crea el Mecanismo «Conectar Europa», por el que se modifica el Reglamento (UE) n.º 913/2010 y por el que se derogan los Reglamentos (CE) n.º 680/2007 y (CE) n.º 67/2010, *DOUE L 348* de 20 de diciembre de 2013, p. 129/171

Reglamento (UE) n.º 508/2014 del Parlamento Europeo y del Consejo, de 15 de mayo de 2014, relativo al Fondo Europeo Marítimo y de Pesca, y por el que se derogan los Reglamentos (CE) n.º 2328/2003, (CE) n.º 861/2006, (CE) n.º 1198/2006 y (CE) n.º 791/2007 del Consejo, y el Reglamento (UE) n.º 1255/2011 del Parlamento Europeo y del Consejo, *DOUE L 149* de 20.5.2014, p. 1/66

Reglamento (UE) n.º 1305/2013 del Parlamento Europeo y del Consejo, de 17 de diciembre de 2013, relativo a la ayuda al desarrollo rural a través del Fondo Europeo Agrícola de Desarrollo Rural (FEADER) y por el que se deroga el Reglamento (CE) n.º 1698/2005 del Consejo, *DOUE L 347 de 20.12.2013, p. 487/54*

Reglamento (UE) n.º 1300/2013 del Parlamento Europeo y del Consejo, de 17 de diciembre de 2013, relativo al Fondo de Cohesión y por el que se deroga el Reglamento (CE) n.º 1084/2006, *DOUE L 347*, de 20 de diciembre de 2013, p. 281/288.

Reglamento n.º 25 relativo a la financiación de la política agrícola común, *DOUE 30,* de 20 de abril de 1962, p. 991/993, derogado por el Reglamento (UE) n.º 1306/2013 del Parlamento Europeo y del Consejo, de 17 de diciembre de 2013, sobre la financiación, gestión y seguimiento de la Política Agrícola Común, por el que se derogan los Reglamentos (CE) n.º 352/78, (CE) n.º 165/94, (CE) n.º 2799/98, (CE) n.º 814/2000, (CE) n.º 1290/2005 y (CE) n.º 485/2008del Consejo, *DOUE L 347,* de 20 de diciembre de 2013, p. 549/607.

Resolución del Parlamento Europeo relativo a la ordenación del territorio y a la Perspectiva europea de ordenación territorial, *DOUE C226* de 20 de junio de 1998.

RIPOLL NAVARRO R.: «Itinerario autonómico del Estado español en el proceso europeo», en el libro de NASARRE E., ALDECOA F. y BENEDICTO M.A. (Coords.): *Europa como tarea*, Edita Marcial Pons, Madrid, 2018.

RIPOLL NAVARRO R.: «La relación de vasos comunicantes entre el Estado central, la Unión Europea y las Comunidades Autónomas», en RIPOLL NAVARRO R. (Dir.): *Las competencias del Estado español en relación con el proceso autonómico y europeo*, Edita Bosch, Barcelona, 2012.

RIPOLL NAVARRO R.: «La Europa de las regiones tras el Tratado de Lisboa», en MOLINA DEL POZO C.F. (Coord.): *Treinta años de integración europea*, Edita Juruá, Curitiba-Lisboa, 2009.

RIPOLL NAVARRO R.: «Las regiones en Europa: el principio de subsidiariedad», en CANALES ALIENDE J.M. y MENENDEZ ALZAMORA M. (Eds.): El Sistema político y administrativo *valenciano*, Edita Tirant lo Blanch, Valencia, 2012.

RIPOLL NAVARRO R.: «El rol de las regiones en la Unión Europea. Evolución y perspectivas», en el libro: *El funcionamiento de la Unión Europea*, Edita Centro Jean Monnet, Universidad de Valencia, 2021.

RIPOLL NAVARRO R.: *Análisis sobre la cogobernanza entre las instituciones de la UE, Estados centrales y Gobiernos regionales*, Tesis para la obtención del grado de Doctor proporcionada por el autor. Escuela de Doctorado de la Universidad Católica de Valencia, Valencia, 2024.

Sentencia del Tribunal de Justicia de 20 de febrero de 1979. Rewe-Zentral AG contra Bundesmonopolverwaltung für Branntwein. Petición de decisión prejudicial: Hessisches Finanzgericht - Alemania. Medidas de efecto equivalente a las restricciones cuantitativas. *Asunto 120/78*.

TERRITORIAL AGENDA. «A future for all places», https://territorialagenda.eu /#:~:text=The%20Territorial%20Agenda%202030 %20provides,in%20 cooperation%20with%20other%20countries, [Recuperado el 01 de diciembre de 2022]

Tratado de Lisboa por el que se modifican el Tratado de la Unión Europea y el Tratado constitutivo de la Comunidad Europea, DOUE C 306, de 17 de diciembre de 2007, p. 1/231.

VAN LIEROP, C. y MARGARAS, V.: «Políticas de la Unión Europea – En beneficio de los ciudadanos», *Servicios de Estudios del Parlamento Europeo*, págs. 1-14.

Versión consolidada del Tratado constitutivo de la Comunidad Europea de la Energía Atómica, *DOUE C 327*, de 26 de octubre de 2012, p. 1/107

Versión consolidada del Tratado de Funcionamiento de la Unión Europea, *DOUE C 326,* de 26 de octubre de 2012, p. 47/390.

Versión consolidada del Tratado de la Unión Europea y del Tratado de Funcionamiento de la Unión Europea, *DOUE C 202*, de 07 de junio de 2016.

**ZARRAGOITIA, M.A**.: «Europa de las regiones y el futuro Federal de Europa: balance y perspectiva de la gobernanza multinivel de la Unión Europea», Dykinson, S.L., Madrid, 2019, pág., 25.